나를 위한 만찬
1인분 요리

나를 위한 만찬
1인분 요리

요리_ 김민희
사진_ 이보영
스타일링_ 박선희

1판 1쇄 발행_ 2013. 7. 8
1판 2쇄 발행_ 2013. 9. 27

발행처_ 김영사
발행인_ 박은주

등록번호_ 제406-2003-036호
등록일자_ 1979. 5. 17.

경기도 파주시 문발동 출판단지 515-1 우편번호 413-756
마케팅부 031) 955-3100, 편집부 031) 955-3250, 팩시밀리 031) 955-3111

이 책의 저작권은 김영사에 있습니다.
출판사의 허락 없이 내용의 일부를 인용하거나 발췌하는 것을 금합니다.

값은 뒤표지에 있습니다.
ISBN 978-89-349-6352-3   13590

독자 의견 전화_ 031) 955-3200
홈페이지_ www.gimmyoung.com
이메일_ bestbook@gimmyoung.com

좋은 독자가 좋은 책을 만듭니다.
김영사는 독자 여러분의 의견에 항상 귀 기울이고 있습니다.

나를 위한 만찬
1인분 요리

쉽다 ★ 맛있다 ★ 남지 않는다

김민희

김영사

프롤로그

혼자서 절대 할 수 없는 일은?

"혼자서 절대 할 수 없는 일은?"
이런 질문을 받은 적이 있습니다. 그 질문에 대한 답의 보기로는 극장 가기, 놀이공원 가기 등이 있지만 저는 두 번 생각하지도 않고 '혼자 밥 먹기'라고 답했지요. 스무 살 초반의 저는 굶으면 굶었지 혼자서는 절대 밥을 먹을 수 없다고 생각했던 모양입니다. 하지만 서른 살이 훌쩍 넘은 지금 그때를 돌아보니 '아이고, 젊구나!'라는 생각이 절로 듭니다. 이제 난 같이 밥 먹을 사람 없으면 한두 끼 쯤이야 과감하게 건너뛰어도 되는 나이가 아닌가 봅니다. 끼니때를 살짝이라도 놓쳤을 때의 심한 속쓰림은 참을 수 있다고 하더라도, 허기진 상태에서 점점 차오르는 짜증을 견디기가 힘듭니다. 그리고 밖에서 조미료 듬뿍 들어간 음식을 두 끼 연속으로 먹으면 집에 와서 맨밥에 김치라도 먹어야 속이 편해지지요. 엄마가 들으시면 혀를 끌끌 차시겠지만 이럴 때면 내가 '나이가 들긴 들었구나'라는 생각이 듭니다.

어디 이뿐인가요. 환절기마다 감기를 달고 살고, 병원 신세도 곧잘 지는 제게 엄마는 늘 "그거 다 잘 안 먹어서 그래"라고 말씀하셨어요. 20대 초반에는 다이어트다 뭐다 해서 끼니를 거르기 일쑤였으니까요. 지금은 '그때 엄마 말씀 잘 들을걸' 하고 꽤 후회하고 있습니다.

그렇습니다. 뭐든지 다 '밥'이 문제였습니다. 그야말로 밥이 보약이었는데, 그걸 귀찮고 혼자 먹기 싫다는 이유로 걷어차버린 꼴이 되고 만 것이지요.

지금의 저는 어떠냐고요? 결혼하고 오랜 시간이 흘렀지만 혼자 밥 먹는 시간이 많습니다. 남편 출근시키고 대충 때워도 좋은 점심이라도 혼자만을 위한 밥상을 정성껏 차립니다. 혼자 먹는 것도 서러운데 밥상마저 초라하면 어쩐지 서글픈 생각도 들고, 이왕 먹는 한 끼 내 인생에서 두 번 다시 돌아오지 않을 오늘의 점심이라면 스스로도 만족스럽게 먹고 싶기 때문입니다. 이렇게 자신을 사랑하는 마음으로 조금 정성을 쏟으니 혼자 먹는 밥이라도 어느 날은 대박 맛집의 밥상도 되었다가, 어느 날은 유명 레스토랑의 테이블도 되었다가, 어느 날은 가로수길의 브런치가 되는 호사를 누리고 있습니다. 음식이 다양해지면 혼자 먹는 식탁도 절대 심심하지 않습니다. 오히려 '내일은 또 뭘 해 먹을까?' 고민하는 것이 즐거워집니다.

혼자 사는 사람이 많아진 시대, 가족이 있어도 혼자 밥 먹는 때가 많아진 시대. 혼자라는 이유로, 귀찮다는 이유로 지금 내게 주어진 보약 같은 시간을 대충 흘려버리기엔 너무 아까운 것 같습니다.

1인분이니까 더 간단하고 더 맛있게 만들 수 있는 방법은 얼마든지 많습니다. 또 1인분으로 만들었던 요리를 몇 배로 늘려서 좋은 사람들과 함께 나누는 재미도 아주 쏠쏠합니다. 그런 마음으로 혼자 즐겨 해 먹었던 요리들을 묶어 책으로 만들었습니다. 부디 여러분도 귀찮음보다는 나를 사랑하는 마음을 키워 그 어떤 보약보다 더 좋은 밥상에서 더 큰 힘을 받으시기 바랍니다.

밥이 보약임을 아는 당신, 멋집니다!

김민희

차례

프롤로그 • 4
혼자서 절대 할 수 없는 일은?

PART 1
푸짐하게 엄마밥 한 상

1 쌈밥 • 12
2 김치찜 • 14
3 멸추양배추롤 • 16
4 통삼겹오븐구이 • 18
5 김치잡채덮밥 • 20
6 불고기전골 • 22
7 호박잎오징어젓쌈밥 • 24
8 비지찌개 • 26
9 차돌박이된장찌개 • 28
10 보쌈 • 30
11 모시조개미역국 • 32
12 홍합순두부찌개 • 34
13 쇠고기무국 • 36
14 오이미역냉국 • 38
15 김치콩나물국 • 39
16 목살김치찌개 • 40
17 명란젓두부찌개 • 41

◀ 1인분 요리 계량의 법칙 • 42

PART 2
10분 완성 밥반찬

18 자투리채소볶음 • 46
19 마늘종장아찌 • 48
20 더덕무침 • 50
21 배추겉절이 • 52
22 마어묵조림 • 54
23 애호박조림 • 56
24 장조림 • 58
25 두부조림 • 60
26 감자채카레볶음 • 62
27 소시지김치볶음 • 64
28 가지찜나물 • 66
29 오이초무침 • 67
30 고추장감자조림 • 68
31 잔멸치호두조림 • 69
32 방풍나물무침 • 70
33 냉이무침 • 71
34 원추리나물 • 72
35 참나물 • 73
36 오징어채볶음 • 74
37 무생채나물 • 75

◀ 1인분 요리로 한 상 차리기 • 76

PART 3
든든한 밥 한 그릇

38 깻잎장아찌주먹밥 • 80
39 꼬마김밥 • 82
40 김치돈가스덮밥 • 84
41 콩나물밥 • 86
42 김치냉국밥 • 88
43 깍두기볶음밥 • 90
44 오징어짬뽕밥 • 92
45 매운돼지고기덮밥 • 94
46 베이컨덮밥 • 96
47 토마토카레밥 • 98
48 중국식달걀볶음밥 • 100
49 삼각주먹밥 • 102
50 매운닭다리덮밥 • 104
51 오코노미야끼오므라이스 • 106
52 김치베이컨김밥 • 108
53 땡초김밥 • 110
54 쇠고기덮밥 • 112
55 참치볶음밥 • 114
56 훈제연어덮밥 • 116
57 스테이크덮밥 • 118
58 밥샌드위치 • 120
59 닭고기덮밥 • 122

PART 4
통조림으로 일품요리

60 네모주먹밥 • 126
61 참치볶음라면 • 128
62 스팸고추장찌개 • 130
63 참치비빔밥 • 132
64 닭가슴살죽 • 134
65 두부콩국수 • 136
66 토마토해물파스타 • 138
67 찜닭볶음밥 • 140
68 스팸마늘볶음밥 • 142
69 장어덮밥 • 144
70 튀김두부부추덮밥 • 146
71 훈제오리무쌈 • 148
72 짜장떡볶이 • 150
73 꽁치무조림 • 151

♣ 1인분 요리를 돕는 알찬 통조림 • 152

PART 5
입맛 도는 반주 한잔

74 포크찹 • 156
75 족발샐러드 • 158
76 닭봉구이 • 160
77 새우떡볶음 • 162
78 파닭샐러드 • 164
79 오징어물숙회 • 166
80 견과류쇠고기볶음 • 168
81 칠리콘카르네 • 170
82 고추냉이새우샐러드 • 172
83 명란젓달걀찜 • 174
84 찹스테이크 • 176
85 골뱅이소면 • 178

맛있고 가벼운 1인분 술 • 180

PART 6
마이 홈 카페 브런치

86 불고기샌드위치 • 184
87 카르보나라떡볶이 • 186
88 크로크무슈 • 188
89 비엔나식빵푸딩 • 190
90 새우오일파스타 • 192
91 투움바파스타 • 194
92 오므볶음우동 • 196
93 카레우동 • 198
94 파인애플쌀국수볶음 • 200
95 명란크림파스타 • 202
96 스위트콘오믈렛 • 204
97 로코모코 • 206
98 수제햄버거 • 208
99 고르곤졸라피자 • 210
100 바나나핫샌드위치 • 212
101 터널샌드위치 • 214
102 에그베네딕트 • 216
103 양파수프 • 218
104 토마토수프 • 220
105 버터토스트와 스크램블드에그 • 222
106 마카로니앤드치즈 • 224
107 크림치즈쪽파베이글 • 226
108 더블치즈샌드위치 • 228
109 홈메이드뮤슬리 • 230

PART 7
가볍게 샐러드 1인분

110 통양상추샐러드 • 234
111 냉우동샐러드 • 236
112 감자참치샐러드 • 238
113 오렌지닭가슴살샐러드 • 240
114 리코타치즈샐러드 • 242
115 버섯떡샐러드 • 244
116 새우토마토샐러드 • 246
117 버섯가지샐러드 • 248
118 해물크루통샐러드 • 250
119 문어해초샐러드 • 252
120 사과호두샐러드 • 253

◀ 알아두면 좋은 15가지 드레싱 • 254
◀ 1인분 요리를 위한 미니정보 • 256

PART 1

푸짐하게
엄마 밥 한 상

Meat

쌈밥

밥(1공기), **양배추**(2장), **깻잎**(2장), **참기름**(0.3), **통깨·식용유** 약간씩
제육볶음 돼지고기 삼겹살 또는 목살(200g), 양파(½개), 대파(½대)
제육볶음 양념 고추장(1.5), 간장(1), 고춧가루(0.5), 맛술(1), 설탕(0.5), 매실액(0.5), 다진 마늘(1), 다진 생강(0.3), 참기름(0.3), 물(5), 후춧가루 약간

1 돼지고기는 먹기 좋은 크기로 썰고, 양파는 채 썰고, 대파는 어슷썰기한다.

2 돼지고기, 양파, 대파에 제육볶음 양념을 넣고 조물조물 무쳐 1시간 이상 재어둔다.

3 양배추는 가운데 굵은 심을 잘라내고, 깻잎은 깨끗하게 씻는다.

4 손질한 양배추를 김 오른 찜통에 뚜껑을 닫고 3~5분간 쪄서 차게 식힌다.

5 밥에 참기름, 통깨를 넣고 잘 비빈다.

6 달군 팬에 식용유를 두르고 재어둔 돼지고기를 볶아 준비한 채소, 밥과 함께 낸다.

Tip
양배추를 찌기 귀찮다면 물기 있는 양배추를 위생 비닐봉지에 넣고 전자레인지에 2~3분간 돌려도 좋아요.

김치찜

배추김치(½포기), 통삼겹살(200g), 무(2cm 두께), 양파(½개),
대파(½대), 청양고추(½개), 멸치·다시마 우린 물(1컵), 김치 국물(½컵)

양념장 고추장(0.5), 고춧가루(0.5), 간장(0.3), 다진 마늘(0.3), 설탕·후춧가루 약간씩

1 무는 깨끗이 씻어 도톰하게 썰고, 양파는 채 썬다.

2 배추김치에 통삼겹살을 올려 돌돌 만다.

3 냄비에 썰어둔 무, 양파를 깔고 2를 담는다.

4 양념을 잘 섞어 만든 양념장을 3에 넣은 뒤 멸치·다시마 우린 물, 김치 국물을 부어 끓인다.

5 국물이 끓으면 대파, 청양고추를 어슷하게 썰어 넣고 국물이 자작하게 줄어들 때까지 끓이면 완성.

● 배추김치 국물을 넣어도 좋지만, 총각김치나 깍두기 같은 다른 김치 국물이 있다면 배추김치 국물과 섞어서 넣어보세요. 더 깊은 감칠맛이 납니다.

멸추양배추롤

양배추(2장), 깻잎(3장), 밥(1공기), 참기름(0.5), 참깨 약간
멸치볶음 볶음용 멸치(1줌), 청양고추(1개), 다진 마늘(0.5), 식용유 약간
멸치볶음 양념장 고추장(1), 고춧가루(0.3), 맛술(0.5), 간장(0.3), 물엿(0.3), 참기름·참깨 약간씩

1 양배추는 한 잎씩 떼어 흐르는 물에 가볍게 씻어서 김 오른 찜통에 넣고 3~5분간 찐다.

2 달군 팬에 식용유를 두르고 멸치를 볶다가 가늘게 썬 청양고추, 다진 마늘을 넣어 볶는다.

3 2에 멸치볶음 양념장을 넣어 볶는다.

4 밥에 참기름, 참깨를 넣어 잘 섞는다.

5 김발 위에 랩을 깔고 양배추 2장을 겹쳐서 넓게 깐 뒤 밥을 올려 편다.

6 5 위에 깻잎을 깔고 멸치볶음을 얹어 김밥 말듯이 돌돌 말면 완성.

Tip

양배추는 심 부분을 제거하고 잎 부분만 이용해야 잘 말아져요. 또 마지막에 김발 위에 랩을 깔고 힘주어 말아야 나중에 잘 풀리지 않아요.

통삼겹오븐구이

4

통삼겹살(200g), 월계수 잎(2장), 맛술(1), 간장(1), 소금·후춧가루 약간씩

파채무침 대파(1대), 고춧가루(1), 간장(0.3), 설탕(0.5), 식초(1), 참기름(0.5), 후춧가루·통깨 약간씩

Tip
월계수 잎 대신 로즈메리 잎을 넣어도 향긋한 향이 좋습니다. 고기를 오븐에 구울 때는 껍질 부분이 위쪽으로 놓이도록 하세요.

1 통삼겹살은 껍질 부분에 1cm 간격으로 칼집을 낸다.

2 맛술, 간장, 소금, 후춧가루를 잘 섞어 통삼겹살에 골고루 바른 뒤 30분 이상 재어둔다.

3 포일에 2와 월계수 잎을 올려 잘 여민다.

4 200℃로 예열한 오븐에 3을 20분간 구운 뒤 포일을 열어둔 상태로 20분간 더 굽는다.

5 대파는 가늘게 채 썰어 찬물에 5분간 담가 아린 맛을 뺀 뒤 체에 밭쳐 물기를 뺀다.

6 5에 파채무침 양념을 넣고 조물조물 무친다.

7 삼겹살을 먹기 좋은 크기로 썬 뒤 파채무침을 곁들여 낸다.

김치잡채덮밥

밥(1공기), 당면(½줌), 배추김치(1줌), 참치(½캔), 양파(⅓개),
다진 마늘(1), 다시마 우린 물(⅔컵), 풋고추(1개), 대파 약간, 참기름(0.5),
참깨·식용유 약간씩

양념장 간장(0.5), 물엿(0.5), 고추장(0.5), 고춧가루(1)

1 당면은 끓는 물에 3분간 삶는다.

2 달군 팬에 식용유를 두르고 채 썬 양파, 다진 마늘을 넣어 볶는다.

3 2에 잘게 썬 배추김치를 넣어 볶는다.

4 3에 다시마 우린 물을 넣는다.

5 4가 끓으면 기름기 뺀 참치, 삶은 당면, 잘 섞은 양념장을 넣어 볶는다.

6 당면이 투명하게 익고 국물이 반으로 줄면 송송 썬 풋고추와 대파, 참기름, 참깨를 넣어 볶은 뒤 밥에 올리면 완성.

◉ 김치를 충분히 볶은 뒤에 다시마 우린 물을 넣어야 깊은 맛이 납니다.

불고기전골

쇠고기 불고깃감(200g), 대하(2마리), 유부(2개), 배추속대(2장), 맛타리버섯(½줌), 당면(½줌), 양파(½개), 당근(½개), 대파(½대), 풋고추(1개), 붉은 고추(½개)

불고기 양념 간장(2), 설탕(1), 맛술(1), 다진 마늘(0.5), 다진 대파(1), 다진 양파(1), 매실액(0.5), 참기름·생강가루·후춧가루 약간씩

국물 재료 국물용 멸치(3마리), 다시마(5×5cm 1조각), 국간장(0.5), 설탕·후춧가루 약간씩, 물(2½컵)

1 쇠고기는 키친타월로 눌러 핏물을 제거한 뒤 불고기 양념을 넣고 조물조물 무쳐 4~5시간 재어둔다.

2 냄비에 국물 재료의 물을 붓고 멸치, 다시마를 넣은 뒤 국물이 끓으면 건더기는 건져내고 국간장, 설탕, 후춧가루로 간한다.

3 새우는 수염을 제거한 뒤 깨끗하게 씻고, 유부는 1cm 두께로 썬다.

4 배추속대는 4cm 너비로 썰고, 맛타리버섯은 가닥가닥 찢고, 당면은 미지근한 물에 불린다.

5 양파는 채 썰고, 당근은 납작하게 썰고, 대파·고추는 어슷썰기한다.

6 냄비에 유부와 채소를 빙 둘러 담고 가운데에 당면, 쇠고기, 새우를 올린 뒤 2의 국물을 부어 보글보글 끓이면 완성.

Tip
채소는 본인 취향에 맞게 바꿔도 좋아요. 유부 대신 두부나 어묵을, 맛타리버섯 대신 새송이버섯, 팽이버섯, 표고버섯을 넣어도 좋아요.

호박잎오징어젓쌈밥

밥(1공기), 호박잎(6장), 참기름(1), 참깨 약간
양념장 오징어젓갈(1), 다진 단무지(1), 청양고추(½개), 참기름(1), 참깨 약간

1 김이 오른 찜통에 호박잎을 넣고 2~3분간 찐다.

2 찐 호박잎을 찬물에 살짝 헹군 뒤 체에 밭쳐 물기를 뺀다.

3 오징어젓갈은 가위로 잘게 잘라 송송 썬 청양고추, 참기름, 참깨와 함께 잘 섞는다.

4 3에 다진 단무지를 넣어 섞는다.

5 밥에 참기름, 참깨를 넣어 잘 섞는다.

6 밥을 6등분해 둥글게 빚되 가운데가 움푹 파이도록 한다.

7 움푹 파인 곳에 4의 양념장을 올린 뒤 찐 호박잎으로 감싸면 완성.

○ 호박잎은 시장이나 마트에서 쉽게 구할 수 있으며 줄기 색깔이 연한 것이 질기지 않아 먹기 좋아요. 물기가 많고 잎이 연해 쉽게 무를 수 있으니 남은 호박잎은 신문지에 싸서 냉장고에 보관하세요.

비지찌개

흰콩(⅓컵), 돼지고기 목살(100g), 김치(1줌), 다시마 우린 물(3컵), 대파(1대), 청양고추(1개), 참기름(0.5)

돼지고기 밑간 양념 다진 마늘(1), 새우젓(1), 생강가루(0.2), 후춧가루 약간

1 콩은 깨끗이 씻어 물에 담가 냉장고에서 하룻밤 불린다.
2 불린 콩과 다시마 우린 물(1컵)을 믹서에 넣고 곱게 간다.
3 돼지고기는 잘게 썰어 밑간 양념을 넣고 조물조물 무친다.
4 달군 냄비에 참기름을 두르고 양념한 돼지고기와 송송 썬 김치를 넣어 볶는다.
5 4에 남은 다시마 우린 물(2컵)을 넣고 중간 불에서 10분간 끓이다가 2의 비지를 넣고 끓인다.
6 어슷하게 썬 대파와 고추를 넣어 한소끔 더 끓이면 완성.

Tip
시간이 없을 때는 비지를 사서 만들면 간편해요. 김치 대신 얼갈이를 데쳐 넣으면 맑고 담백한 비지찌개가 됩니다.

차돌박이된장찌개

차돌박이(50g), 두부(½모), 애호박(½개), 양파(½개), 어슷하게 썬 대파(1), 청양고추(½개), 고춧가루(0.3), 된장(1.5), 물(2½컵)

1 두부, 애호박, 양파는 사방 1cm 크기로 깍둑썰기한다.

2 중간 불에서 냄비를 달궈 차돌박이를 넣고 볶는다.

3 차돌박이가 적당히 익으면 물을 붓고 끓인다.

4 3이 끓으면 된장을 풀어 넣고 애호박, 양파를 넣어 한소끔 더 끓인다.

5 애호박이 투명하게 익으면 두부, 대파, 어슷하게 썬 청양고추, 고춧가루를 넣고 한소끔 더 끓이면 완성.

● 된장을 풀 때는 작은 체를 이용하면 뭉치지 않고 잘 풀려요. 차돌박이 대신 쇠고기, 바지락 등을 이용해도 좋아요.

보쌈

통삼겹살 또는 통목살(200g), 양파($\frac{1}{2}$개), 대파($\frac{1}{2}$대), 마늘(2쪽), 통후추(4알), 된장(0.5), 상추·깻잎 등 쌈채소 적당량

무생채 무채(1줌), 배($\frac{1}{2}$개), 대파($\frac{1}{2}$대), 풋고추(1개), 붉은 고추($\frac{1}{2}$개), 고춧가루(2), 설탕(1), 까나리액젓(2), 다진 마늘(0.5), 생강가루(0.3), 통깨·참기름 약간씩, 소금 약간(절임용)

1 돼지고기 삼겹살 또는 목살을 통으로 준비한다.

2 냄비에 고기가 잠길 정도로 찬물을 붓고 양파, 대파, 마늘, 통후추를 넣어 팔팔 끓인다.

3 물이 끓으면 된장을 잘 풀어 넣는다.

4 3에 돼지고기를 넣어 중간 불에서 1시간 정도 끓여 푹 익힌 뒤 체에 밭쳐 한 김 식혀서 썬다.

5 무는 채 썰어 소금에 절였다가 손으로 꼭 짠다.

6 배, 대파, 풋고추, 붉은 고추는 각각 채 썬다.

7 5와 6을 볼에 담고 고춧가루, 설탕을 넣어 버무린다.

8 나머지 무생채 양념을 넣고 조물조물 무친 뒤 썰어놓은 고기, 쌈채소와 함께 낸다.

● **무 절이기** : 채 썬 무에 굵은소금(0.5)을 뿌려 20분간 절였다가 손으로 꼭 짜서 사용하세요.

Tip
고기는 전날 칼집을 깊이 넣은 뒤 사이사이에 월계수 잎을 넣어두거나, 익힐 때 된장 대신 인스턴트커피를 조금 넣어도 누린내가 나지 않아요.

모시조개미역국

미역(1/4줌), 모시조개(1줌), 다진 마늘(0.5), 국간장(0.5), 참기름(1),
소금 약간, 물(2 1/2컵)

1 미역은 물에 20분 이상 불린 뒤 깨끗이 씻어 먹기 좋은 크기로 썬다. 마른 미역을 불리면 20배 정도 양이 늘어나니 양 조절에 주의한다.

2 모시조개는 흐르는 물에 깨끗하게 씻는다.

3 달군 냄비에 참기름을 두르고 불린 미역을 볶는다.

4 3에 물을 붓고 모시조개를 넣어 중간 불에서 10분간 끓인다.

5 4에 다진 마늘, 국간장을 넣고 약한 불에서 끓이면서 소금으로 간을 맞추면 완성.

● 해감하지 않은 모시조개를 구입했다면 물에 소금을 풀어 모시조개를 담고 어두운 곳에 하룻밤 두세요. 대파는 미역의 칼슘 흡수를 방해하니 미역국엔 넣지 마세요.

홍합순두부찌개

순두부(1팩), 홍합(8개), 애호박(½개), 양파(½개), 달걀(1개), 어슷하게 썬 대파(2), 청양고추(½개), 멸치·다시마 우린 물(1½컵), 고추기름(1), 다진 마늘(0.5), 간장(1), 소금·후춧가루 약간씩

1 홍합은 껍데기끼리 문질러 이물질을 제거한 뒤 길게 나온 수염을 뜯어내고 흐르는 물에 깨끗하게 씻는다.

2 애호박은 반달 모양으로 썰고, 양파는 채 썬다.

3 달군 냄비에 고추기름을 두르고 중간 불에서 양파, 다진 마늘을 넣어 볶는다.

4 2에 애호박, 홍합을 넣어 볶는다.

5 3에 멸치·다시마 우린 물을 넣어 끓인다.

6 국물이 끓으면 순두부, 간장을 넣어 5분간 끓인다.

7 5에 달걀을 깨뜨려 넣고 어슷하게 썬 대파, 어슷하게 썬 청양고추를 넣어 한소끔 더 끓이다가 소금, 후춧가루를 넣어 간을 맞추면 완성.

Tip

순두부찌개를 끓일 때는 순두부에서 나오는 수분을 생각해 물의 양을 잡아야 싱겁지 않아요. 또 순두부는 큼직하게 떠 넣어야 더 맛있어요.

쇠고기무국

쇠고기 양지머리(100g), 무(100g), 다진 마늘(0.3), 어슷하게 썬 대파(2), 국간장 (0.5), 맛술(1), 참기름·소금·후춧가루 약간씩, 물(3컵)

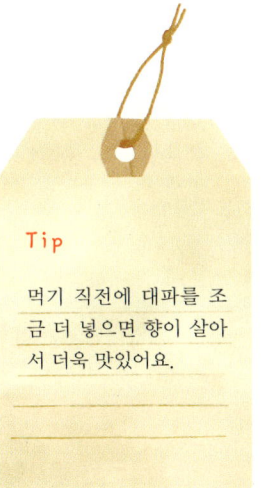

Tip
먹기 직전에 대파를 조금 더 넣으면 향이 살아서 더욱 맛있어요.

1 쇠고기는 먹기 좋은 크기로 썬 뒤 맛술을 뿌려서 잡내를 없앤다.

2 무는 한 입 크기로 납작하게 썬다.

3 달군 냄비에 참기름을 두르고 중간 불에서 쇠고기를 볶는다.

4 고기가 익으면 물을 붓고 무, 국간장을 넣어 중간 불에서 10~15분간 끓인다.

5 무가 투명하게 익으면 다진 마늘, 어슷하게 썬 대파를 넣어 한소끔 더 끓인 뒤 소금, 후춧가루로 간하면 완성.

 # 오이미역냉국

1 불린 미역은 끓는 물에 살짝 데친다.

2 데친 미역을 미끈거리지 않게 흐르는 물에 주물러 씻어서 먹기 좋은 크기로 썬다.

3 오이는 채 썰고, 풋고추는 송송 썬다.

4 미역, 오이, 풋고추에 밑간 양념을 넣고 버무려 30분 이상 재어둔다.

5 4에 물, 국간장, 식초, 통깨를 넣어 잘 섞으면 완성.

오이(½개), 불린미역(½줌), 풋고추(½개), 국간장(1), 식초(2), 통깨 약간, 물(2½컵)

밑간 양념 국간장(1), 설탕(0.5), 다진 마늘 약간

● 오이미역냉국은 간이 잘 배지 않아 싱겁게 느껴져 자꾸 양념을 추가하다가 망치기 쉬워요. 재료의 맛이 잘 섞이도록 냉장고에 넣어 차게 식힌 뒤 모자라는 간은 식초, 설탕, 소금 등을 더해 맞추세요.

김치콩나물국

1 냄비에 물을 붓고 멸치, 다시마를 넣어 중간 불에서 15분간 끓인 뒤 멸치, 다시마는 건져낸다.

2 콩나물은 흐르는 물에 씻어 물기를 빼고, 김치는 먹기 좋은 크기로 썬다.

3 끓는 국물에 콩나물, 김치를 넣고 중간 불에서 10분간 끓인다.

4 3에 다진 마늘, 어슷하게 썬 대파를 넣고 한소끔 끓인 뒤 소금, 후 춧가루로 간하면 완성.

콩나물(1줌), 김치(½줌), 다진 마늘(0.3), 대파(½대), 소금·후춧가루 약간씩

국물 국물용 멸치(5마리), 다시마(5×5cm 1조각), 물(3컵)

● 콩나물국을 끓일 때는 뚜껑을 닫고 끓이거나 처음부터 뚜껑을 열고 끓여야 비린 맛이 나지 않아요.

목살김치찌개

찌개용 돼지고기 목살(100g), 김치(1줌), 양파(½개), 멸치·다시마 우린 물(3컵), 김치 국물(½컵), 대파(½대), 청양고추(½개), 참기름(0.5)

양념장 고춧가루(0.5), 고추장(0.3), 간장(0.3), 다진 마늘(1), 설탕(1), 맛술(1), 생강가루(0.5), 후춧가루 약간

1 달군 냄비에 참기름을 두르고 센 불에서 먹기 좋은 크기로 썬 돼지고기 목살을 3분간 볶는다.

2 김치는 적당히 먹기 좋은 크기로 썰고, 양파는 채 썬다.

3 1에 김치와 양파를 넣어 볶는다.

4 멸치·다시마 우린 물, 김치 국물, 양념장을 3에 넣고 중간 불에서 30분 이상 끓인다.

5 대파, 청양고추를 어슷하게 썰어 4에 넣고 한소끔 끓이면 완성.

● 양념장은 미리 잘 섞어서 1시간 이상 숙성시키면 더 깊은 맛이 납니다. 배추김치 국물보다 깍두기 국물이나 총각김치 국물을 넣으면 뒷맛이 더 시원해요.

1인분 요리

명란젓두부찌개

시판 명란젓(1개), 두부(½모), 애호박(½개), 양파(½개), 다진 마늘(0.3), 대파(½대), 청양고추(½개), 참기름(0.3), 멸치·다시마 우린 물(2½컵)

1 두부, 애호박, 양파는 사방 1cm 크기로 깍둑썰기한다.

2 냄비에 멸치·다시마 우린 물을 붓고 명란젓을 넣어 끓인다.

3 국물이 끓기 시작하면 애호박, 양파, 다진 마늘을 넣어 5분간 끓인다.

4 애호박이 투명하게 익으면 두부를 넣고 끓이다가 어슷하게 썬 대파와 청양고추, 참기름을 넣어 한소끔 더 끓이면 완성.

○ 시판 명란젓은 자체에 양념이 되어 있어 국을 끓일 때 따로 간을 하지 않아요. 간이 부족하다면 소금으로 맞추세요.

1인분 요리 계량의 법칙

● **밥숟가락으로 계량하기**

간장, 식용유, 식초 등 액체류

식용유(1) : 숟가락 위로 약간 볼록하게 올라온 정도
식용유(0.5) : 숟가락의 ½이 차는 정도
식용유(0.3) : 숟가락의 ⅓이 차는 정도

설탕, 소금 등의 분말류

설탕(1) : 숟가락으로 수북하게 떠서 좌우로 살살 흔든 정도
설탕(0.5) : 숟가락의 ½이 차는 정도
설탕(0.3) : 숟가락 끝에 살짝 차는 정도

된장, 고추장 등의 상류

된장(1) : 숟가락이 약간 볼록하게 올라오도록 가득 뜬 정도
된장(0.5) : 숟가락의 ½이 차는 정도
된장(0.3) : 숟가락의 ⅓이 차는 정도

요즘은 집에서도 계량컵과 계량스푼을 이용하는 사람들이 많지만 요리를 처음 시작할 때부터 도구를 갖추긴 어렵지요. 일단 집에 있는 도구로 시작하세요. 가장 쉬운 계량법을 소개합니다.

- 종이컵으로 계량하기

  밀가루(1컵) = 200g, 물(1컵) = 200g, 설탕(1컵) = 180g

- 손으로 계량하기

  채소 1줌 = 약 50g
  소금·후춧가루 약간 : 엄지와 검지로 조금 잡은 양
  소면 1줌 = 약 80g

PART 2

10분 완성
밥반찬

자투리채소볶음

양배추(3장), 당근(½개), 숙주(1줌), 부추(1줌), 느타리버섯(1줌),
다진 마늘(1), 간장(1), 맛술(0.5), 후춧가루·식용유·통깨 약간씩

1 양배추는 굵게 채 썰고, 당근은 껍질을 벗겨 채 썬다.

2 숙주와 부추는 흐르는 물에 씻어 5cm 길이로 썰고, 느타리버섯은 결대로 찢는다.

3 달군 팬에 식용유를 조금 두르고 다진 마늘, 양배추, 당근, 느타리버섯을 볶는다.

4 양배추가 투명하게 익으면 숙주, 부추를 넣어 함께 볶는다.

5 간장, 맛술, 후춧가루를 넣고 다시 한 번 볶은 뒤 통깨를 약간 뿌린다.

○ 자투리채소볶음의 가장 큰 장점은 냉장고 사정에 따라 재료를 바꿀 수 있다는 것입니다. 참치 통조림이나 닭가슴살 통조림의 기름을 따라내고 함께 볶아도 맛있습니다.

마늘종장아찌

마늘종(1단)

절임장 간장(1컵), 식초(1컵), 맛술(½컵), 설탕(⅔컵),
양파(½개), 말린 고추(1개), 대파(½대), 물(1컵)

1 마늘종은 5cm 길이로 썰어 씻은 뒤 물기를 뺀다.

2 양파와 말린 고추는 통째로 넣고, 대파는 5cm 길이로 잘라 나머지 절임장 재료와 함께 냄비에 담아 중간 불에서 팔팔 끓인다.

3 유리병이나 내열 용기에 뜨거운 물을 부어 소독한 뒤 물기를 말끔히 제거한다.

4 소독한 용기에 마늘종을 차곡차곡 담는다.

5 4에 끓인 절임장을 부어 냉장고에 3일 보관한 뒤 절임물만 따라내 다시 한 번 끓여서 용기에 붓고 냉장고에서 일주일 정도 익히면 완성.

● 제철에 만들어놓으면 오래 두고 먹을 수 있어요. 유리병을 소독할 땐 쇠젓가락을 넣고 뜨거운 물을 부으면 병이 깨지는 걸 막을 수 있어요. 절임장은 끓인 뒤 뜨거울 때 부으세요.

더덕무침

더덕(10개), **쪽파**(2대), **소금물**(물 3컵+소금 0.5)

양념장 고추장(2), 고춧가루(0.5), 올리고당(1), 식초(1.5), 참기름(0.5)

2

1 더덕은 껍질을 까서 소금물에 1시간 이상 담가두어 쓴맛을 뺀다.

2 쓴맛을 뺀 더덕을 세로로 반 갈라 밀대나 병으로 가볍게 두드리거나 밀어서 넓게 편다.

3 2의 더덕을 손으로 찢는다.

4 더덕에 송송 썬 쪽파와 양념장을 넣고 가볍게 무치면 완성.

● 더덕 껍질을 벗길 때는 칼로 사과 껍질 벗기듯 돌려 깎으면 편해요. 또 진액이 손에 묻으면 닦기 힘드니 위생장갑을 끼고 껍질을 벗기세요. 까놓은 더덕도 구입할 수 있습니다.

배추겉절이

알배기배추(1통), 쪽파(10대), 굵은소금(4), 물(⅓컵), 참기름(1),
식초(1.5), 참깨 약간

양념장 고춧가루(5), 설탕(1), 다진 마늘(1), 생강가루(0.3), 새우젓(1), 까나리액젓(1)
찹쌀풀 찹쌀가루(⅓컵), 물(⅔컵)

1 알배기배추는 세로로 길게 썬 뒤 굵은소금과 물을 뿌려 1시간 동안 절인다.

2 절인 배추를 흐르는 물에 씻어서 체에 밭쳐 물기를 뺀다.

3 냄비에 찹쌀가루와 물을 넣어 섞고 잘 저으면서 끓인 뒤 완전히 식혀 찹쌀풀을 만든다.

4 찹쌀풀에 양념장 재료를 넣어 잘 섞는다.

5 절인 배추, 5cm 길이로 썬 쪽파에 4의 양념장을 넣어 가볍게 섞는다.

6 참기름, 식초, 참깨를 넣어 다시 한 번 버무리면 완성.

○ 찹쌀풀 대신 찬밥(3)을 양념장 재료와 믹서에 넣고 갈면 간편하게 양념장을 만들 수 있어요. 찹쌀 대신 밀가루로 풀을 쑤어도 좋아요.

마어묵조림

마(½개), 어묵(½줌), 표고버섯(2개), 당근(½개), 양파(½개),
꽈리고추(10개), 식용유 약간

조림장 다시마 우린 물(½컵), 간장(3), 맛술(1.5), 설탕(0.5)

1 마는 껍질을 벗겨 한 입 크기로 썰고, 어묵과 표고버섯도 한 입 크기로 썬다.

2 당근과 양파도 한 입 크기로 썰고, 꽈리고추는 반으로 자른다.

3 달군 팬에 식용유를 두르고 마, 당근을 넣어 볶는다.

4 3에 표고버섯, 양파를 넣어 볶는다.

5 4에 어묵을 넣고 볶다가 조림장 재료를 잘 섞어서 붓고 바글바글 끓인다.

6 국물이 반으로 줄면 꽈리고추를 넣고 윤기가 나도록 조리면 완성.

○ 마는 피부 미용, 소화 촉진, 동맥경화 예방에 효능이 있다고 해요. 조림으로 만들면 특유의 미끈거리는 식감도 줄어들어 맛있게 먹을 수 있어요. 마 대신 감자나 고구마로 대체해도 좋아요.

애호박조림

애호박(1개), 양파(½개), 청양고추(½개), 대파(½대), 소금(0.5), 식용유 약간, 물(½컵)

양념 새우젓(0.5), 고춧가루(0.3), 다진 마늘(0.3), 참기름(0.5), 참깨·후춧가루 약간씩

1 애호박은 세로로 길게 4등분해서 씨 부분을 잘라내고 먹기 좋은 크기로 썬다.

2 애호박에 소금을 뿌려 15분간 절인 뒤 흐르는 물에 가볍게 씻어 물기를 뺀다.

3 양파는 껍질을 까서 애호박과 비슷한 크기로 썬다.

4 달군 팬에 식용유를 두르고 절인 애호박과 양파를 넣어 중간 불에서 볶는다.

5 4에 물을 붓고 끓인다.

6 국물이 끓으면 새우젓, 고춧가루, 다진 마늘, 후춧가루를 넣어 중간 불에서 5분간 끓인다.

7 6에 어슷하게 썬 청양고추와 대파를 넣어 끓이다가 국물이 자작해졌을 때 약한 불로 줄이고 참기름, 참깨를 넣으면 완성.

Tip
조금 간간한 것을 좋아한다면 절인 애호박을 물에 헹구지 말고 그대로 요리하세요.

장조림

돼지고기 안심(300g), 메추리알(20개), 꽈리고추(15개), 마늘(3쪽), 생강(1쪽), 물(2컵)

양념 간장(9), 설탕(3), 맛술(2)

1 냄비에 적당한 크기로 썬 돼지고기와 마늘, 생강을 넣고 물을 부어 중간 불에서 15분간 끓인 뒤 위에 떠오른 기름을 걷어낸다.

2 다른 냄비에 메추리알을 담고 메추리알이 잠길 정도로 물을 부어 중간 불에서 10분 정도 삶는다.

3 삶은 메추리알을 찬물에 담갔다가 껍질을 벗긴다.

4 꽈리고추는 흐르는 물에 깨끗하게 씻은 뒤 꼭지를 떼고 포크로 2~3군데 찔러 구멍을 낸다.

5 1에 양념을 넣고 중간 불에서 20분간 끓인다.

6 5의 국물이 반으로 줄어들면 메추리알, 꽈리고추를 넣고 약한 불에서 10분간 조린다.

Tip
메추리알은 생략하거나 달걀로 대체해도 좋아요. 매콤한 맛을 더하고 싶다면 청양고추를 송송 썰어 넣으세요.

두부조림

두부(½모), 양파(½개), 대파(½대), 청양고추(½개)
양념장 간장(2), 물(2), 맛술(1), 고춧가루(1), 설탕(0.5), 다진 마늘(0.5), 참기름(0.5), 소금·후춧가루 약간씩

1 두부는 1cm 두께로 썰고, 양파는 껍질을 벗겨서 채 썬다.

2 양념장 재료를 잘 섞는다.

3 냄비 바닥에 양파를 깔고 그 위에 두부를 올린 다음 양념장을 뿌리고 중간 불에 올린다.

4 끓기 시작하면 어슷하게 썬 대파와 청양고추를 넣고 약한 불로 줄여 조림장이 자작해질 때까지 조리면 완성.

● 조리는 동안 위에 양념장을 끼얹어가며 조려야 색도 잘 들고 맛도 잘 배어요. 멸치·다시마 우린 물을 자작하게 부어서 끓이면 찌개 느낌의 두부조림이 됩니다.

감자채카레볶음

감자(1개), 양파(½개), 당근(⅓개), 풋고추(1개), 다진 마늘(0.3), 간장(0.5), 카레 가루(0.5), 소금·후춧가루·식용유 약간씩

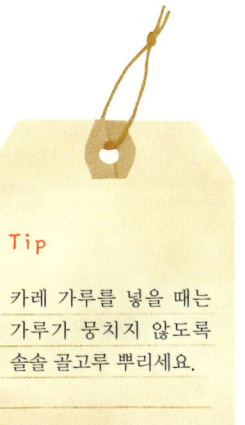

Tip
카레 가루를 넣을 때는 가루가 뭉치지 않도록 솔솔 골고루 뿌리세요.

1 감자는 껍질을 벗기고 채 썬 뒤 20분간 찬물에 담가 전분기를 뺀다.

2 1의 감자를 체에 밭쳐 물기를 뺀다.

3 양파, 당근, 풋고추는 채 썬다.

4 달군 팬에 식용유를 두르고 감자, 당근을 넣어 중간 불에서 3분간 볶는다.

5 감자가 투명하게 익으면 약한 불로 줄이고 양파, 풋고추, 다진 마늘을 넣어 2분간 볶는다.

6 간장, 카레 가루를 넣어 볶다가 소금, 후춧가루로 간하면 완성.

소시지김치볶음

김치(1줌), 프랑크소시지(6개), 양파(½개), 다진 마늘(0.3), 식용유 약간

양념 고추장(0.5), 맛술(1), 물엿(0.5), 후춧가루 약간

1 프랑크소시지는 칼집을 넣고, 양파는 껍질을 벗겨 채 썬다.

2 달군 팬에 식용유를 두르고 다진 마늘, 채 썬 양파를 넣어 중간 불에서 2분간 볶는다.

3 2에 소시지를 넣어 칼집이 벌어지도록 볶는다.

4 3에 먹기 좋은 크기로 썬 김치와 양념을 넣어 함께 볶으면 완성.

● 덮밥처럼 밥에 올려 먹어도 좋아요. 프랑크소시지 대신 비엔나소시지나 햄을 이용해도 됩니다.

 가지찜나물

1 가지는 깨끗이 씻어 세로로 2등분한 뒤 가로로 반 자른다.

2 김 오른 찜기에 가지를 넣어 5분간 찐다.

3 찐 가지를 체에 담아 식힌 다음 결대로 손으로 찢는다.

4 가지에 양념을 넣어 조물조물 무치면 완성.

가지(1개)

양념 국간장(1), 고춧가루(0.5), 다진 대파(0.5), 다진 마늘(0.3), 참기름(0.5), 식초(1)

○ 가지를 찔 때는 껍질 부분이 아래쪽으로 가게 놓아야 물러지는 걸 방지할 수 있어요. 찐 가지는 매우 뜨거우니 반드시 식힌 뒤에 요리하세요.

오이초무침

1 오이는 얇게 썰어서 소금을 뿌려 10~15분 절인 뒤 물기를 꼭 짠다.
2 절인 오이에 양념을 넣어 조물조물 무치면 완성.

오이(1개), 소금(0.5)

양념 고춧가루(0.5), 식초(1), 설탕(0.5), 다진 마늘(0.3), 참깨 약간

● 초무침한 채소 요리는 바로 먹기보다 냉장고에 넣어 차게 해서 먹으면 양념이 서로 어우러져 훨씬 맛있어요.

고추장감자조림

1 감자와 양파는 껍질을 벗겨 깍둑썰기하고, 청양고추는 어슷썰기한다.

2 달군 팬에 식용유를 두르고 감자, 양파, 청양고추를 중간 불에서 3분간 볶는다.

3 2에 물을 부어 중간 불에서 끓인다.

4 국물이 끓으면 양념장을 넣어 걸쭉해지도록 조리면 완성.

감자(1개), 양파(½개), 청양고추(½개), 식용유 약간, 물(1컵)

양념장 고추장(0.5), 간장(1), 설탕(0.5), 맛술(1), 후춧가루 약간

● **간장감자조림** : 달군 팬에 식용유를 두르고 감자, 양파를 볶다가 청양고추, 간장(3), 물엿(1), 맛술(1)을 넣어 윤기가 나도록 조리면 완성.

 # 잔멸치호두조림

1 꽈리고추는 깨끗이 씻어 꼭지를 딴 뒤 포크로 몇 군데 찔러 구멍을 내고, 마늘은 편으로 썬다.

2 달군 팬에 식용유를 두르고 잔멸치와 손질한 꽈리고추, 마늘을 넣어 중간 불에서 2분간 볶는다.

3 2에 간장, 맛술, 물엿을 넣고 약한 불에서 3분간 볶는다.

4 3에 호두, 참기름, 깨를 넣고 다시 한 번 볶으면 완성.

잔멸치(1컵), 호두(1컵), 꽈리고추(10개), 마늘(3쪽), 간장(2), 맛술(0.5), 물엿(1), 참기름(0.3), 깨 약간, 식용유(1)

◦ 멸치는 볶기 전에 체에 넣고 몇 번 톡톡 쳐서 잔가루를 떨어내고, 호두는 끓는 물에 살짝 데쳐서 요리하면 맛이 더 깔끔해요.

 방풍나물무침

1 방풍나물은 깨끗이 씻어 끓는 물에 굵은소금을 넣고 살짝 데친다.

2 데친 방풍나물을 찬물에 헹궈 손으로 물기를 꼭 짠다.

3 2를 먹기 좋은 크기로 썬다.

4 방풍나물에 양념장을 넣어 조물조물 무치면 완성.

방풍나물(3줌), 굵은소금(0.5)

양념장 고추장(1.5), 설탕(0.5), 다진 마늘(0.5), 식초(1.5), 참기름(0.5), 참깨 약간

● 방풍나물은 봄에 흔한 나물로 목감기나 코감기에 좋고 특히 한의학에서는 풍을 예방하는 약재로 쓰인다고 해요. 황사가 있는 날 먹으면 호흡기 질환을 막아줘요.

 # 냉이무침

1 냉이는 손질해서 굵은소금을 넣은 끓는 물에 살짝 데친다.

2 데친 냉이를 찬물에 헹궈 손으로 물기를 꼭 짠다.

3 2에 송송 썬 고추와 양념장을 넣고 조물조물 무치면 완성.

냉이(2줌), 풋고추(1개), 붉은 고추(1개), 굵은소금(0.5)

양념장 된장(0.5), 고추장(0.3), 설탕(0.3), 다진 대파(1), 다진 마늘(0.3), 참기름(1), 식초(1), 깨소금(0.3)

● 냉이는 요리하기 전에 칼로 뿌리의 흙을 긁어내고 지저분하고 누런 잎을 떼어낸 뒤 흐르는 물에 여러 번 씻으세요. 냉이 같은 봄나물은 손질해서 데친 뒤 물기를 꼭 짜서 지퍼백 등에 넣어 냉동 보관하면 언제라도 먹을 수 있어요.

원추리나물

1 원추리는 깨끗이 씻어 먹기 좋은 크기로 썬다.

2 끓는 물에 굵은 소금을 넣고 원추리를 넣어 살짝 데친 뒤 찬물에 헹궈 물기를 꼭 짠다.

3 원추리에 양념장을 넣어 조물조물 무치면 완성.

원추리(2줌), 굵은소금 (0.5)

양념장 고추장(1), 된장(1), 간장(0.3), 물엿(0.5), 들기름(1), 식초(0.5), 참깨 약간

● 봄나물인 원추리는 마트나 시장에 가면 쉽게 구입할 수 있어요. 근심, 걱정을 없애준다고 하여 '망우초'라고도 불리고, 비타민이 풍부해 정서 불안, 우울증 치료에도 좋다고 해요. 또 춘곤증 예방에도 좋고 열량도 낮아요.

참나물

1 참나물은 흐르는 물에 깨끗이 씻어 먹기 좋은 길이로 썬다.
2 끓는 물에 굵은소금을 넣고 참나물을 넣어 살짝 데친다.
3 데친 참나물을 체에 담아 찬물에 헹군 뒤 물기를 꼭 짠다.
4 참나물에 양념장을 넣어 조물조물 무치면 완성.

참나물(2줌), 굵은소금 (0.5)

양념장 간장(1), 다진 마늘 (0.3), 고춧가루(0.3), 참기름 (0.5), 깨 약간

○ 참나물은 데치지 않고 간장, 식초, 고춧가루를 약간씩 넣고 가볍게 무쳐 샐러드처럼 만들어도 좋아요. 향이 좋아서 고기 먹을 때 곁들이 반찬으로도 잘 어울려요.

오징어채볶음

오징어채(100g), 깨(0.3), 식용유(1)

양념 고추장(2), 고춧가루(0.5), 물엿(1), 간장(1), 다진 마늘(1), 맛술(0.5)

1 달군 팬에 식용유를 두르고 양념을 모두 넣어 볶는다.

2 1에 오징어채를 넣고 가볍게 볶는다.

3 2에 깨를 뿌리면 완성.

● 오징어채 한 봉지를 반으로 나눠 반은 고추장 양념으로, 반은 간장 양념으로 볶으면 한동안 밑반찬 걱정이 없어요.

간장 양념 : 달군 팬에 버터(1), 간장(3), 설탕(1), 물엿(1), 다진 마늘(0.3), 맛술(0.3)을 넣어 끓이다가 오징어채를 넣고 볶으면 완성.

1인분 요리

무생채나물

무(1줌), 쪽파(2대)

양념 고춧가루(2), 다진 마늘(1), 설탕(0.3), 까나리액젓(0.3), 식초(2), 참기름(0.5), 소금·깨 약간씩

1 무는 껍질째 깨끗이 씻어서 채 썬다.

2 쪽파는 뿌리를 잘라내고 깨끗이 씻어서 3cm 길이로 썬다.

3 무채에 고춧가루를 넣어 버무린다.

4 3에 쪽파와 나머지 양념을 넣고 조물조물 무치면 완성.

◉ 무생채나물은 고추장과 함께 밥에 넣고 비빔밥으로도 먹어도 맛있어요. 삼겹살에 곁들이 반찬으로 내기에도 좋아요.

1인분 요리로 한 상 차리기

이왕 혼자서도 맛있게 먹기로 정했다면 엄마가 차려준 밥상처럼 근사하게 차려보세요. 만들어둔 밑반찬과 찌개, 소복한 밥 한 그릇이면 보약보다 든든한 한 상이 완성됩니다.

● 차돌박이된장찌개 + 쌈밥 + 애호박조림

● 목살김치찌개 + 잔멸치호두조림 + 감자채카레볶음 + 밥

● 김치잡채덮밥 + 모시조개미역국(또는 오이미역냉국) + 마어묵조림

● 불고기전골 + 배추겉절이 + 밥

● 호박잎오징어젓쌈밥 + 더덕무침 + 참나물

● 통삼겹오븐구이 + 무생채나물

● 비지찌개 + 마늘종장아찌 + 밥

PART 3

든든한
밥 한 그릇

깻잎장아찌주먹밥

38

밥(1공기), 깻잎장아찌(6장), 다진 단무지(2), 참기름(0.5), 참깨 약간

1 밥에 다진 단무지, 참기름, 참깨를 넣고 잘 섞는다.

2 1의 밥을 6등분해 각각 손으로 눌러 동그랗게 뭉친다.

3 깻잎장아찌 위에 뭉친 밥을 올려 감싸면 완성.

● 깻잎장아찌 : 깻잎(40장), 간장($\frac{1}{3}$컵), 식초(2), 설탕(2), 물($\frac{1}{3}$컵)

1. 깻잎은 깨끗이 씻어 물기를 뺀다.
2. 간장, 식초, 설탕, 물을 냄비에 넣고 약한 불에서 15분간 끓인다.
3. 손질한 깻잎을 내열 용기에 차곡차곡 담고 한 김 식힌 2의 절임물을 부은 뒤 냉장고에 넣어 익히면 완성.

꼬마김밥

밥(1공기), 김(1장), 참기름(0.5), 참깨 약간, 장조림(3), 오이지무침(3)

1 밥에 참기름, 참깨를 넣고 잘 섞어 2등분한다.

2 김을 반으로 자른 뒤 밥 ½공기를 올려 넓게 편다.

3 2에 장조림을 올려 돌돌 만다.

4 나머지 김 반쪽에 남은 밥을 올려 넓게 편 뒤 오이지무침을 올려 돌돌 말면 완성.

○ **오이지무침** : 오이지(1개), 고춧가루(0.5), 설탕(0.5), 참기름(0.5), 다진 마늘(0.3), 다진 대파(0.3), 식초(0.3), 깨 약간

  1. 오이지는 얇게 썰어 찬물에 헹군 뒤 면포에 싸서 꼭 짠다.
  2. 1에 나머지 양념을 넣고 조물조물 무치면 완성.

• 장조림 만들기는 58쪽 참고.

김치돈가스덮밥

밥(⅔공기), 돈가스(1개), 김치(⅓줌), 양파(⅓개),
달걀(1개), 쪽파(1대), 식용유 적당량

국물 다시마 우린 물(½컵), 간장(1.5), 설탕(0.5), 맛술(1), 후춧가루 약간

1 뜨거운 기름에 돈가스를 넣어 앞뒤로 노릇하게 튀긴다.

2 김치는 먹기 좋은 크기로 썰고, 양파는 채 썬다.

3 냄비에 국물 재료와 김치, 양파를 넣고 5분간 끓인다.

4 튀겨낸 돈가스를 먹기 좋은 크기로 썰어 3에 넣는다.

5 달걀을 잘 풀어 4에 휘 돌려 넣고 불에서 내린 뒤 그대로 밥에 올리고 송송 썬 쪽파를 올리면 완성.

◦ 돈가스는 냉동식품을 이용해도 좋고 직접 만들 수도 있어요. 돈가스용 돼지고기에 앞뒤로 소금, 후춧가루, 맛술을 뿌려 간한 뒤 밀가루-달걀물-빵가루 순으로 입히면 손쉽게 만들 수 있어요.

콩나물밥

밥(1공기), 콩나물(1줌), 다진 쇠고기(100g), 대파(½대)

쇠고기 밑간 양념 간장(0.3), 맛술(0.5), 참기름(0.3), 설탕 약간
양념장 간장(1), 물(1), 고춧가루(0.3), 설탕(0.5), 다진 마늘(0.3), 다진 대파(0.3), 참기름(0.3), 후춧가루 약간

1 쇠고기는 밑간 양념을 넣고 조물조물 무친다.

2 양념장 재료를 잘 섞는다.

3 콩나물은 깨끗이 씻어 물기를 빼고, 대파는 어슷썰기한다.

4 내열 용기에 밥을 담고 양념한 쇠고기, 콩나물, 대파를 얹는다.

5 내열 용기에 랩을 씌운 뒤 젓가락으로 4~5군데 구멍을 내고 전자레인지에 넣어 5~7분간 익힌다.

6 완성된 콩나물밥을 양념장과 함께 낸다.

Tip
전기밥솥에 지어도 맛있지만 양이 많아 혼자서 해 먹기 부담될 때는 전자레인지를 이용해 간편하게 만드세요.

김치냉국밥

밥(1공기), 장조림(2), 달걀(1개), 풋고추(½개), 붉은 고추(½개), 식용유 약간

두부무침 두부(⅓모), 다진 대파(0.3), 다진 마늘(0.3), 참기름(0.5), 깨 약간
김치무침 김치(½줌), 고춧가루(0.3), 참기름(0.5), 깨 약간
국물 김치 국물(1½컵), 장조림 국물(1.5), 설탕(0.5), 식초(1), 물(1컵)

1 국물 재료를 한데 섞어서 살얼음이 끼도록 냉동실에 2~3시간 넣어둔다.

2 두부는 으깨서 물기를 짠다.

3 으깬 두부에 나머지 두부무침 재료를 넣어 조물조물 무친다.

4 김치는 작게 썬 뒤 나머지 김치무침 재료를 넣어 무친다.

5 달걀은 잘 풀어서 지단을 부쳐 채 썬다.

6 밥에 두부무침, 김치무침, 장조림, 지단을 올리고 1의 국물을 부은 뒤 송송 썬 고추를 얹으면 완성.

◦ 지단을 부칠 때는 달군 팬에 식용유를 두르고 키친타월로 가볍게 닦아낸 뒤 약한 불에서 은근하게 익히면 타지 않게 잘 만들 수 있어요.

Tip
차갑게 먹는 것이 포인트이니 찬밥을 이용하세요. 찬밥이 없다면 물에 밥을 담가 풀었다가 체에 밭쳐 물기를 빼고 요리하세요.

깍두기볶음밥

밥(1공기), 깍두기(⅔컵), 깍두기 국물(6), 달걀(1개), 고춧가루(0.3), 설탕(0.3), 맛술(0.5), 참기름(0.5), 대파·후춧가루·참깨·김 가루 약간씩, 식용유(1)

1. 달군 팬에 식용유를 두르고 깍두기와 깍두기 국물을 넣어 볶는다.

2. 1에 대파를 어슷하게 썰어 넣고 고춧가루, 설탕, 맛술을 넣어 볶는다.

3. 국물이 졸아들면 밥과 후춧가루를 넣어 함께 볶는다.

4. 3에 참기름, 참깨, 김 가루를 넣어 볶은 뒤 달걀 프라이를 만들어 올리면 완성.

○ 깍두기볶음밥은 김치볶음밥과는 또 다른 맛으로, 잘 익은 깍두기로 만들어야 맛있어요. 여기에 참치, 햄 등을 첨가해도 좋아요.

오징어짬뽕밥

밥(1공기), 오징어(½마리), 새우(4마리), 양배추(½줌), 양파(½개), 청양고추(1개), 대파(½대), 다진 마늘(0.5), 고춧가루(1), 간장(0.5), 소금·후춧가루·식용유 약간씩

멸치·다시마 국물 멸치(12마리), 다시마(5×5cm 1조각), 물(3컵)

1 냄비에 물을 붓고 멸치, 다시마를 넣어 15분간 끓인 뒤 건더기는 건져낸다.

2 오징어와 새우는 흐르는 물에 씻은 뒤 오징어는 칼집을 넣어 굵게 채 썰고, 새우는 껍질을 깐다.

3 달군 팬에 식용유를 두르고 다진 마늘, 고춧가루를 넣어 센 불에서 1분간 볶는다.

4 고춧가루의 매운맛이 충분히 돌면 채 썬 양배추·양파를 넣어 함께 볶는다.

5 4에 오징어, 새우, 어슷하게 썬 청양고추를 넣고 함께 볶다가 중간 불로 줄이고 멸치·다시마 국물과 간장을 넣어 끓인다.

6 국물이 팔팔 끓으면 어슷하게 썬 대파를 넣고 소금, 후춧가루로 간해 밥에 얹으면 완성.

Tip
국물을 낼 때 멸치를 넉넉하게 넣어서 진하게 우려내세요. 매운 것이 싫으면 청양고추 대신 풋고추를 넣으세요.

● **오징어 손질**: 오징어 몸통에 손을 넣고 내장을 잡아당겨 몸통과 분리하고, 다리에 붙은 내장을 잘라냅니다. 다리를 뒤집어 안쪽에 있는 입 주변을 꾹 눌러 튀어나오는 뼈와 다리에 붙은 빨판을 손으로 훑으면서 제거한 뒤 흐르는 물에 여러 번 씻으세요. 기호에 따라 오징어 껍질을 벗기기도 합니다.

매운돼지고기덮밥

밥(1공기), 돼지고기 안심(200g), 양배추(1장), 양파(½개), 대파(½대), 다진 마늘(0.5), 달걀노른자(1개), 식용유 약간

양념장 두반장(0.5), 고춧가루(0.5), 간장(0.3), 맛술(0.5), 설탕(0.3), 후춧가루 약간
돼지고기 밑간 양념 맛술(1), 소금·후춧가루 약간씩

Tip
돼지고기 안심을 조금 남겨두었다가 장조림이나 돈가스를 만들면 좋아요. 목살이나 삼겹살을 이용하면 안심보다 기름기가 조금 많아요.

1 돼지고기는 얇게 썬 뒤 밑간 양념을 뿌려 10분간 재어둔다.

2 양배추는 깨끗이 씻어 물기를 제거하고 채 썬다. 양파는 껍질을 벗겨 채 썰고, 대파는 어슷썰기한다.

3 달군 팬에 식용유를 두르고 양파, 다진 마늘을 넣어 중간 불에서 볶는다.

4 3에 돼지고기를 넣어 볶는다.

5 돼지고기가 반쯤 익으면 양배추, 대파, 양념장을 넣어 4분간 볶는다.

6 밥에 5를 올린 뒤 달걀노른자를 얹으면 완성.

베이컨덮밥

밥(1공기), 베이컨(3장), 달걀(1개), 깻잎(3장), 버터(0.5)

소스 다시마(5×5cm 1조각), 가다랑어포(½줌), 간장(2), 맛술(2), 올리고당(0.3), 물(1컵)

1 냄비에 물을 붓고 다시마를 넣어 15분간 끓인 뒤 다시마는 건져내고 가다랑어포를 넣어 3분 정도 두었다가 체로 걸러 맑은 국물만 받아낸다.

2 1에 간장, 맛술, 올리고당을 넣어 약한 불에 5분간 끓인다.

3 달군 팬에 버터를 녹이고 잘게 썬 베이컨을 넣어 바짝 구운 뒤 키친타월에 올려 기름기를 뺀다.

4 달걀은 반숙으로 프라이하고, 깻잎은 가늘게 채 썬다.

5 밥에 베이컨, 달걀 프라이, 깻잎 채를 올린 뒤 2의 소스를 뿌리면 완성.

○ 소스는 좀 넉넉하게 만들어두었다가 볶음밥 등에 뿌려 먹어도 좋아요. 베이컨은 바짝 구워 키친타월로 기름기를 빼야 뒷맛이 깔끔해요. 달걀은 수란으로 만들어도 좋아요.

토마토카레밥

밥(1공기), 고형 카레(1조각), 카레 가루(2), 토마토($\frac{1}{2}$개),
비엔나소시지(6개), 양파($\frac{1}{2}$개), 다진 마늘(0.5), 닭 육수($1\frac{1}{2}$컵),
케첩(1), 고춧가루(0.3), 식용유 약간

1 토마토는 열십자로 칼집을 낸 뒤 끓는 물에 살짝 데쳐 껍질을 벗기고 잘게 썬다.

2 달군 팬에 식용유를 두르고 잘게 썬 양파, 다진 마늘을 중간 불에서 충분히 볶는다.

3 2에 토마토, 비엔나소시지를 넣고 3분간 볶는다.

4 3에 닭 육수, 케첩을 넣고 끓인다.

5 4가 끓으면 고형 카레, 카레 가루를 넣고 완전히 녹인다.

6 고춧가루를 넣고 한소끔 더 끓인 뒤 밥에 얹으면 완성.

● 닭 육수가 없으면 치킨 스톡으로 대체하세요. 고형 카레가 없으면 카레 가루만으로 맛을 내도 좋아요. 좀 더 진한 맛을 내고 싶으면 케첩 대신 토마토 페이스트를 넣으세요.

중국식달걀볶음밥

밥(1공기), 달걀(1개), 다진 대파(1), 다진 마늘(0.5), 굴소스(0.3), 간장(0.5), 참기름(0.3), 후춧가루·식용유 약간씩

1 달걀은 알끈을 제거해 잘 풀어놓는다.

2 달군 팬에 식용유를 두르고 풀어놓은 달걀을 넣어 휘저으며 약한 불에서 익혀 따로 담아둔다.

3 다시 팬을 달구어 식용유를 두르고 다진 대파, 다진 마늘을 넣어 중간 불에서 볶는다.

4 3에 밥, 굴소스, 간장을 넣어 볶는다.

5 익힌 달걀과 참기름, 후춧가루를 넣어 다시 볶으면 완성.

● 달걀 알끈 제거하기 : 달걀을 깨뜨려 그릇에 담은 뒤 노른자 옆에 붙어 있는 하얀 알끈을 젓가락으로 떼어내세요.

Tip

반드시 달걀을 먼저 익혀서 따로 담아두세요. 달걀을 너무 오래 익히면 딱딱해져 맛이 없어요. 대파는 흰 대 부분을 이용하세요.

삼각주먹밥

밥(1공기), 검은깨(0.3), 소금 약간, 김(1/2장)

참치 마요네즈 속 참치 통조림(1/2캔), 오이(1/2개), 마요네즈(1),
후춧가루 약간, 소금(0.3)

1 오이는 깨끗이 씻어서 반으로 갈라 씨 부분을 파낸다.

2 손질한 오이를 잘게 썬 뒤 소금을 뿌려 5분간 절였다가 물기를 꼭 짠다.

3 기름 뺀 참치, 절인 오이, 마요네즈, 후춧가루를 잘 섞는다.

4 밥에 검은깨와 소금을 뿌려 잘 섞는다.

5 4의 밥을 2등분하여 3의 참치 마요네즈 속을 넣고 두 손으로 뭉쳐 삼각형 모양으로 주먹밥을 만든다.

6 김을 잘라 주먹밥 아래에 붙이면 완성.

● 밥을 뭉칠 때 손바닥에 물을 조금 묻히면 손에 잘 붙지 않아요. 속 재료로 김치를 볶아 넣거나, 냉장고에 있는 반찬을 넣어도 좋아요. 단, 물기 있는 재료는 피하세요.

매운닭다리덮밥

닭다리(1개), 맛술(1), 생강가루(0.3), 대파(1/3대), 식용유 약간

밑간 양념장 간장(0.5), 참기름(0.5)
양념장 고추장(0.5), 고춧가루(0.3), 간장(0.3), 설탕(0.3), 맛술(0.3), 참기름(0.3), 다진 대파(0.5), 다진 마늘(0.3), 다진 청양고추(0.3), 후춧가루·통깨 약간씩

1 뼈를 바른 닭다리 살에 칼집을 넣고 맛술, 생강가루를 뿌려 10분간 재어둔다.

2 잘 섞은 밑간 양념장을 1의 닭다리 살에 골고루 바른다.

3 중간 불에서 달군 팬에 식용유를 두르고 닭다리 살을 올려 8/10 정도 익힌다.

4 겉면이 어느 정도 익었으면 잘 섞은 양념장을 앞뒤로 골고루 바르면서 굽는다.

5 대파는 가늘게 채 썰어 찬물에 담가 매운맛을 뺀다.

6 접시에 밥, 파채, 매운닭다리구이를 차례로 올리면 완성.

Tip
팬에 종이 포일을 깔고 닭고기를 구우면 양념이 타지 않아요. 닭가슴살이나 닭 안심을 이용할 때는 양념이 잘 배도록 칼집을 깊게 넣으세요.

오코노미야키 오므라이스

밥(1공기), 칵테일 새우(4마리), 오징어(½마리), 양파(½개), 피망(½개),
당근(½개), 양배추(½장), 달걀(1개), 버터(1), 식용유(0.5), 다진 마늘(0.3),
후춧가루 약간, 마요네즈·돈가스소스·가다랑어포 적당량

1 새우는 흐르는 물에 씻어 물기를 빼고, 오징어도 흐르는 물에 씻은 뒤 안쪽에 칼집을 내고 채 썬다.

2 양파, 피망, 당근은 잘게 썬다.

3 달군 팬에 버터, 식용유를 넣어 버터를 녹인 뒤 다진 마늘, 양파, 피망, 당근을 넣어 볶는다.

4 3에 새우와 오징어를 넣고 익을 때까지 볶다가 채 썬 양배추를 넣어 함께 볶는다.

5 4에 밥, 후춧가루를 넣고 볶아 따로 담아둔다.

6 달걀을 잘 풀어 달군 팬에 부친 뒤 5의 밥을 달걀 위에 올리고 끝을 오므려 모양을 만든다.

7 접시에 6을 담고 마요네즈, 돈가스소스를 뿌린 뒤 가다랑어포를 올리면 완성.

● 버터만 넣고 채소를 볶으면 빨리 볶아도 버터가 잘 탑니다. 이때 식용유를 같이 넣으면 잘 타지도 않고 버터 향은 그대로 살아 있어요.

김치베이컨김밥

밥(1공기), 김(1장), 배추김치(½줌), 시금치(1줌), 베이컨(2장), 설탕(0.3), 참기름(0.5), 식용유·소금 약간씩

시금치 양념 국간장(1), 다진 마늘(0.3), 다진 대파(0.5), 참기름(0.5), 깨 약간
배합초 식초(2), 설탕(1), 소금(0.3)

1 배추김치는 속을 털어내고 채 썬다.

2 달군 팬에 식용유를 두르고 채 썬 김치, 설탕, 참기름을 넣어 중간 불에서 3분간 볶는다.

3 시금치는 뿌리를 자르고 다듬어 흐르는 물에 씻은 뒤 끓는 물에 소금을 조금 넣어 살짝 데친다.

4 데친 시금치를 찬물에 헹궈 물기를 꼭 짠 뒤 시금치 양념을 넣고 조물조물 무친다.

5 베이컨은 기름을 두르지 않은 팬에 앞뒤로 바싹 구운 뒤 키친타월에 올려 기름기를 뺀다.

6 배합초는 잘 섞어 한번 끓여 식힌 뒤 밥에 넣어 잘 섞는다.

7 김 위에 밥을 올려 넓게 편 뒤 베이컨, 시금치무침, 볶은 김치를 올려 돌돌 말면 완성.

Tip

베이컨 등 기름기 있는 재료가 들어가기 때문에 밥에 배합초를 섞어 새콤한 맛을 살리는 것이 포인트입니다.

땡초김밥

밥(1공기), 김(2장), 당근(⅓개), 김밥용 단무지(1줄), 청양고추(1개), 참기름(1),
소금(0.5), 통깨 약간, 식용유(1)

1 당근은 가늘게 채 썰어 달군 팬에 식용유를 두르고 볶는다.

2 단무지는 세로로 4등분해 가늘게 채 썬다.

3 청양고추는 깨끗이 씻어 반으로 갈라 씨를 빼고 가늘게 채 썬다.

4 밥에 참기름, 소금, 통깨를 넣고 잘 버무린다.

5 김을 4등분해서 자른다.

6 김 위에 밥을 한 숟가락 가득 올려서 편 뒤 청양고추, 당근, 단무지를 올리고 힘주어 돌돌 말아 겉면에 참기름을 바르면 완성.

Tip

청양고추 대신 시금치 무친 것을 넣으면 광장시장의 명물 마약김밥이 됩니다. 겨자 간장과 함께 맛보세요.

쇠고기덮밥

54

밥(1공기), 쇠고기(불고깃감 100g), 양파(½개), 달걀(1개), 쪽파(1대)
국물 다시마(5×5cm 2조각), 간장(6), 설탕(1), 맛술(1), 물(1½컵)

1 냄비에 물을 붓고 다시마를 넣어 중간 불에서 15분간 끓인 뒤 다시마를 건져낸다.

2 채 썬 양파와 나머지 국물 재료를 모두 1에 넣고 5분간 더 끓인다.

3 2에 쇠고기를 넣고 끓인다.

4 쇠고기가 익으면 달걀을 잘 풀어 한 바퀴 휘 돌리면서 넣어 익힌다.

5 오목한 그릇에 밥을 담고 4를 올린 뒤 송송 썬 쪽파를 뿌리면 완성.

● 밥에 쇠고기를 올리고 쪽파를 썰어 뿌리거나, 생강절임을 함께 내도 좋아요.

Tip
불고깃감은 고기가 얇아서 덩어리 상태로 끓는 국물에 넣으면 덩어리째 익어버려요. 한 장 한 장 떼어 넣어야 해요.

참치볶음밥

밥(1공기), 참치 통조림(½캔), 옥수수 통조림(2), 양파(½개), 청피망(½개), 붉은 피망(½개), 다진 마늘(0.3), 달걀(1개), 식용유 약간

양념장 간장(1), 굴소스(0.5), 맛술(0.5), 물엿(0.5), 후춧가루 약간

1 참치와 옥수수는 체에 밭쳐 기름기와 물기를 빼고, 양파와 피망은 옥수수 크기로 자른다.

2 달군 팬에 식용유를 두르고 다진 마늘, 양파를 중간 불에서 3분간 볶는다.

3 2에 청피망, 붉은 피망, 옥수수, 참치를 넣어 볶는다.

4 3에 밥과 잘 섞은 양념장을 넣고 함께 볶는다.

5 달군 팬에 식용유를 두르고 달걀을 반숙으로 프라이하여 볶음밥에 올리면 완성.

● 참치볶음밥에 돈가스소스를 뿌려 먹어도 맛있어요. 간장으로 맛을 낸 참치볶음밥과 새콤달콤한 맛의 돈가스소스가 잘 어울립니다. 취향에 따라 케첩을 뿌려 먹어도 좋아요.

훈제연어덮밥

밥(1공기), 훈제 연어(6조각), 양파(½개), 고추냉이 약간

소스 다시마(5×5cm 1조각), 가다랑어포(½줌), 양파(½개), 간장(2), 맛술(2), 올리고당(0.3), 물(1컵)

1. 냄비에 물을 붓고 다시마를 넣어 15분간 끓이다가 다시마를 건져내고 가다랑어포를 넣어 3분 정도 두었다가 체로 맑은 국물만 받아낸다.

2. 1에 채 썬 양파, 간장, 맛술, 올리고당을 넣어 약한 불에서 걸쭉해지도록 끓인다.

3. 양파는 채 썰어 찬물에 담가 아린 맛을 뺀다.

4. 밥에 2의 소스를 붓는다.

5. 그 위에 훈제 연어를 올리고 채 썬 양파와 고추냉이를 함께 올리면 완성.

● 마트에서 판매하는 슬라이스된 훈제 연어를 구입해 사용하면 간편해요. 훈제 연어를 살짝 구워 결대로 찢어서 밥에 올려 비벼 먹어도 좋아요.

스테이크덮밥

57

밥(1공기), 쇠고기 등심(150g), 양파(½개), 피망(½개), 식용유 약간, 소금·후춧가루 약간씩

양념 간장(2), 물(1.5), 설탕(0.5), 물엿(0.5), 다진 마늘(0.3), 소금·후춧가루 약간씩

1 쇠고기는 소금, 후춧가루를 뿌려 30분간 밑간한다.
2 달군 팬에 식용유를 살짝 두르고 밑간한 쇠고기를 올려 센 불에서 앞뒤로 구운 뒤 따로 덜어둔다.
3 쇠고기를 구운 팬에 양파, 피망을 채 썰어 넣고 중간 불에서 볶는다.
4 3에 양념을 넣어 약한 불에서 3분간 조린다.
5 그릇에 밥을 담고 4의 소스를 올린 뒤 구운 쇠고기 등심을 먹기 좋은 크기로 잘라 담으면 완성.

Tip
스테이크를 구울 때는 2분 30초씩 앞뒤로 한 번씩만 뒤집으면서 구우세요. 고기가 얇을 때는 이보다 더 짧게 구워야 고기가 단단해지지 않아요.

밥샌드위치

밥(1공기), 크래미(4개), 오이($\frac{1}{3}$개), 마요네즈(3), 고추냉이(0.3), 소금(0.3), 후춧가루 약간

배합초 식초(1.5), 설탕(0.5), 소금 약간

Tip
속 재료에 따라 얼마든지 다른 맛을 낼 수 있어요. 식감을 고려해 하나는 부드러운 재료를, 나머지는 오이처럼 아삭아삭한 것을 고르세요.

1 배합초는 끓여서 식혀 밥에 넣고 잘 섞는다.

2 오이는 반으로 잘라 어슷하게 썬 뒤 소금을 뿌려 10분간 절였다가 손으로 꼭 짜서 마요네즈(1.5)를 넣고 잘 섞는다.

3 크래미는 결대로 찢어서 마요네즈(1.5), 고추냉이, 후춧가루를 넣고 버무린다.

4 용기에 랩을 깔고 밥을 올려 편 뒤 2의 오이를 얹는다.

5 그 위에 다시 밥을 깔고 버무린 크래미를 올린 뒤 다시 밥으로 덮고 용기에서 꺼내면 완성.

닭고기덮밥

59

밥(1공기), 닭가슴살(1개), 양파(½개), 표고버섯(1개), 달걀(1개), 쪽파(1대)
국물 가다랑어포(½줌), 간장(2), 맛술(2), 설탕(1), 소금·후춧가루 약간씩, 물(1컵)

1 닭가슴살은 먹기 좋은 크기로 썰고, 양파와 표고버섯은 채 썬다.

2 냄비에 물을 팔팔 끓인 뒤 불을 끄고 가다랑어포를 넣어 5분 간 우린 다음 체로 걸러 맑은 국물만 받는다.

3 2에 간장, 맛술, 설탕을 넣고 3분간 끓인다.

4 3에 닭고기, 양파, 표고버섯을 넣고 3분간 끓인다.

5 달걀을 풀어 4에 휘 돌려 넣고 익힌 뒤 소금, 후춧가루로 간 한다.

6 밥에 5를 국자로 떠서 올리고 쪽파를 송송 썰어 얹으면 완성.

Tip
시중에서 판매하는 닭가슴살 통조림을 물기를 따라내고 사용하면 만들기도 편하고 익는 속도도 빨라요.

PART 4

통조림으로
일품요리

네모주먹밥

밥(1공기), 김(½장), 스팸(½캔), 참기름(0.5), 참깨 약간
양념장 간장(0.5), 맛술(0.5), 설탕(0.5), 후춧가루 약간

1 스팸은 도톰하게 썰어 달군 팬에 앞뒤로 노릇하게 굽는다.

2 잘 섞은 양념장을 1에 넣고 조린다.

3 밥에 참기름, 참깨를 넣어 잘 비빈 뒤 스팸 캔에 랩을 깔고 캔 안에 밥을 넣어 모양을 잡는다.

4 랩을 잡아당겨서 모양이 흐트러지지 않도록 밥을 꺼낸다.

5 밥에 스팸을 올린 뒤 1cm 두께로 자른 김으로 돌려 감싸면 완성.

○ 스팸의 염분이나 기름기가 부담스럽다면 뜨거운 물을 끼얹거나 살짝 데쳐서 사용하세요.

참치볶음라면

참치(1캔), 라면 사리(1개), 양파($\frac{1}{2}$개), 양배추(1장), 깻잎(4장), 숙주($\frac{1}{2}$줌), 다진 마늘(0.5), 간장(1), 우스터소스(1), 후춧가루·마요네즈·김 가루·식용유 약간씩

1 참치는 체에 밭쳐 기름기를 빼고, 양파·양배추·깻잎은 채 썰고, 숙주는 흐르는 물에 씻어 물기를 제거한다.

2 끓는 물에 라면 사리를 넣어 1분간 데친 뒤 찬물에 헹궈 물기를 뺀다.

3 달군 팬에 식용유를 두르고 다진 마늘, 채 썬 양파·양배추를 중간 불에서 볶는다.

4 3에 라면 사리, 참치, 숙주를 넣어 볶는다.

5 4에 간장, 우스터소스, 후춧가루를 넣어 볶는다.

6 5를 접시에 담고 마요네즈를 뿌린 뒤 김 가루, 채 썬 깻잎을 올리면 완성.

Tip

숙주 대신 콩나물을 사용해도 좋고, 없으면 생략해도 OK. 대신 향과 맛을 살려주는 깻잎은 빠뜨리지 마세요.

스팸고추장찌개

스팸(½캔), 애호박(⅓개), 감자(1개), 양파(½개), 대파(½대),
청양고추(½개), 참기름 약간, 물(2컵)

양념장 고추장(2), 고춧가루(0.3), 된장(0.3), 다진 마늘(0.5), 간장(0.3), 후춧가루 약간

1 스팸, 애호박, 감자, 양파를 사방 1~1.5cm 크기로 도톰하게 썬다.

2 달군 냄비에 참기름을 두르고 애호박, 감자, 양파를 중간 불에서 3분간 볶는다.

3 스팸을 넣어 함께 2분간 더 볶는다.

4 3에 물과 양념장을 넣고 끓인다.

5 국물이 바글바글 끓고 재료가 익으면 약한 불로 줄이고 어슷하게 썬 대파·청양고추를 넣어 한소끔 더 끓이면 완성.

● 육수를 사용하지 않아도 스팸에서 깊은 맛이 우러나옵니다. 집에서 만들어 먹어도 좋지만 캠핑 등에서 간편하게 만들어 먹기 좋아요.

참치비빔밥

밥(1공기), 상추(3장), 깻잎(5장), 달걀(1개), 식용유 약간

참치 양념장 참치(1캔), 양파(½개), 다진 마늘(1), 옥수수(3), 대파 약간, 고추장(1.5), 설탕(0.3), 맛술(1), 참기름(1), 후춧가루·식용유 약간

Tip
참치 양념장은 쌈밥 등을 먹을 때 양념 고추장 대신 이용해보세요. 참치나 옥수수 알갱이가 씹히는 맛이 좋아요.

1 상추와 깻잎은 채 썰고, 양파는 다지고, 참치는 체에 밭쳐 기름기를 뺀다.

2 달군 팬에 식용유를 두르고 다진 양파·마늘을 중간 불에서 1분간 볶는다.

3 2에 참치를 넣고 볶다가 고추장, 설탕, 맛술, 후춧가루를 넣고 1분간 볶는다.

4 3에 옥수수, 송송 썬 대파, 참기름을 넣어 1분간 더 볶는다.

5 달군 팬에 식용유를 두른 뒤 달걀을 풀어 넣고 젓가락으로 휘저으면서 익힌다.

6 밥에 채 썬 상추·깻잎과 달걀을 올린 뒤 4의 참치 양념장을 올리면 완성.

닭가슴살죽

쌀(1컵), 닭가슴살 캔(1캔), 맛타리버섯(½줌), 양파(⅓개), 당근(⅓개), 쪽파(3대), 다시마 우린 물(2½컵), 참기름(0.5)

1 쌀은 깨끗이 씻어 찬물에 담가 30분간 불린다.

2 닭가슴살은 체에 밭쳐 물기를 뺀다.

3 채소는 깨끗이 씻어 물기를 제거하고 잘게 썬다.

4 달군 팬에 참기름을 두르고 불린 쌀을 약한 불에서 3분간 볶는다.

5 준비한 채소와 닭가슴살을 4에 넣어 중간 불에서 3분간 볶는다.

6 5에 다시마 우린 물을 넣어 저으면서 밥알이 푹 퍼지도록 10분간 끓이면 완성.

Tip
좀 더 진한 닭가슴살죽을 원한다면 다시마 우린 물 대신 닭 육수나 치킨 스톡을 이용하세요. 채소는 냉장고 사정에 따라 조정하세요.

두부콩국수

소면(1줌), 두부($\frac{1}{2}$모), 우유(2컵), 오이($\frac{1}{2}$개), 방울토마토(1개), 땅콩 가루(2), 소금 약간

1 두부는 전자레인지에 3분간 돌려 수분을 뺀다.

2 믹서에 두부, 우유를 넣고 곱게 간 뒤 냉장고에 넣어 차갑게 식힌다.

3 끓는 물에 소면을 넣어 삶은 뒤 찬물에 헹궈 물기를 뺀다.

4 그릇에 삶은 소면을 담고 2의 국물을 부은 뒤 채 썬 오이, 방울토마토, 땅콩 가루를 올리고 먹기 직전에 소금으로 간한다.

● **소면 삶기** : 냄비에 물을 넉넉하게 붓고 끓이다가 소면을 넣으세요. 거품이 일면서 끓어오르면 찬물($\frac{1}{2}$컵)을 붓는 과정을 2~3차례 반복하며 끓입니다. 또 소면이 익으면 체에 밭쳐 찬물에 여러 번 헹궈야 면발이 쫄깃해요.

Tip

두부 맛이 진해야 국물이 맛있어요. 마트에서 판매하는 두부보다 재래시장에서 직접 만든 두부로 만들면 콩국수 맛에 더욱 가까워요.

토마토해물파스타

스파게티 면(1줌), 오징어(½마리), 바지락(6개), 양파(½개), 마늘(2개), 마른 고추(½개), 방울토마토(8개), 토마토 페이스트(2), 케첩(1), 바질 가루(0.3), 월계수 잎(1장), 올리브유(3), 소금·후춧가루 약간씩

1 끓는 물에 소금을 약간 넣고 스파게티 면을 넣어 7분간 삶은 뒤 체에 밭쳐 물기를 빼고 올리브유(2)를 뿌려둔다.

2 오징어는 1cm 두께로 썰고, 해감된 바지락은 바락바락 씻는다.

3 달군 팬에 올리브유(1)를 두르고 채 썬 양파, 편으로 썬 마늘, 어슷 썬 마른 고추를 넣어 중간 불에서 2분간 볶는다.

4 3에 오징어, 바지락을 넣어 3분간 볶는다.

5 4에 반으로 자른 방울토마토, 파스타 삶은 물(½컵), 토마토 페이스트, 케첩, 바질 가루, 월계수 잎을 넣어 끓인다.

6 5에 삶은 스파게티 면을 넣어 볶은 뒤 소금, 후춧가루로 간하면 완성.

● **해감하기**: 바지락이 잠길 정도로 찬물을 넉넉하게 붓고 소금을 넣은 뒤 신문지를 덮고 어두운 곳에 하룻밤 두세요.

Tip
해물은 취향에 따라 넣으세요. 끓이다 너무 되직하면 스파게티 삶은 물을 조금 더 추가해서 농도를 맞추세요.

찜닭볶음밥

밥(1공기), 순닭가슴살 달콤찜닭(1캔), 감자(½개), 양파(½개), 애호박(1줌), 달걀(1개), 간장(0.5), 김 부순 것(½장 분량), 후춧가루·참깨·식용유 약간씩

1 감자와 양파는 껍질을 벗기고 씻어서 잘게 썰고, 애호박도 깨끗이 씻어 잘게 썬다.

2 달군 팬에 식용유를 두르고 달걀을 넣어 휘저으면서 익힌 뒤 접시에 덜어둔다.

3 달군 팬에 식용유를 두르고 감자, 양파, 애호박을 중간 불에서 3분간 볶는다.

4 감자가 투명하게 익으면 달콤찜닭, 간장을 넣어 볶는다.

5 4에 밥을 넣어 볶다가 김 부순 것, 후춧가루를 넣어 볶는다.

6 5에 익힌 달걀과 참깨를 넣어 가볍게 볶으면 완성.

Tip

시중에 여러 가지 맛으로 양념한 닭가슴살 통조림이나 참치 통조림이 나와 있으니 다양하게 시도해 보세요. 먹고 남은 찜닭 요리를 이용해도 좋아요.

스팸마늘볶음밥

밥(1공기), 스팸(½캔), 마늘(2쪽), 청양고추(1개), 달걀(1개),
소금·후춧가루·식용유 약간씩

1 마늘은 편으로 썰고, 스팸과 청양고추는 잘게 썬다.

2 볼에 달걀을 푼 뒤 밥을 넣고 잘 섞는다.

3 달군 팬에 식용유를 두르고 마늘이 투명해지도록 중간 불에서 충분히 볶는다.

4 3에 스팸, 청양고추를 넣어 2분간 볶는다.

5 4에 2의 밥을 넣고 휘저으며 볶다가 소금, 후춧가루로 간하면 완성.

● 청양고추의 매운맛이 싫다면 피망이나 풋고추로 대체해도 좋아요. 밥과 달걀을 섞어 볶으면 밥알이 달걀로 코팅되어 훨씬 고슬고슬한 볶음밥이 됩니다.

장어덮밥

밥(1공기), 시판 양념 장어(1마리), 깻잎(3장)

소스 간장(2), 맛술(2), 설탕(0.3), 물(2), 청양고추($\frac{1}{2}$개)

2

1 팬에 소스 재료를 담고 윤기 나도록 3분간 끓인다.

2 달군 팬에 양념 장어를 올려 중간 불에서 앞뒤로 노릇하게 굽는다.

3 1에서 만든 소스를 약간만 남기고 밥 위에 모두 올린다.

4 그 위에 구운 장어를 올리고 남은 소스를 장어에 바른다.

5 흐르는 물에 깻잎을 씻어 물기를 제거한 뒤 가늘게 채 썰어 4에 올리면 완성.

● 생강을 곱게 채 썰어 함께 올리거나, 생강절임 등을 함께 내도 좋아요.

튀김두부부추덮밥

밥(1공기), 튀김두부(1개), 부추(½줌), 양배추(1장), 양파(½개), 다진 돼지고기(100g), 다진 마늘(0.5), 다진 대파(0.5), 두반장(0.5), 미소된장(0.5), 맛술(1), 설탕(0.5), 간장(0.5), 물(½컵), 녹말물(2), 식용유(2)

1 튀김두부, 부추, 양배추, 양파는 5cm 길이로 채 썬다.

2 달군 팬에 식용유를 두르고 다진 마늘, 다진 대파를 넣어 중간 불에서 볶다가 두반장을 넣고 2분간 볶는다.

3 2에 다진 돼지고기를 넣어 3분간 볶는다.

4 3에 튀김두부, 양배추, 양파를 넣어 1분간 볶는다.

5 4에 미소된장, 맛술, 설탕, 간장, 물을 넣어 볶다가 녹말물을 넣고 잘 섞는다.

6 5가 걸쭉해지면 부추를 넣고 가볍게 섞은 뒤 밥에 올리면 완성.

○ 만화책에서 본 메뉴를 집에서 실습해보고 그 맛에 반해 단골 메뉴입니다. 녹말물은 녹말(1)과 물(2)을 잘 섞으면 OK.

Tip

튀김두부는 제조사마다 제품명이 좀 다르긴 하지만 마트에서 쉽게 구할 수 있어요. 튀김두부가 없다면 유부로 대체해도 좋아요.

훈제오리무쌈

훈제오리(300g), 무쌈(1통), 깻잎(10장), 파프리카(빨간색, 주황색 $\frac{1}{2}$개씩), 무순($\frac{1}{2}$줌), 허니머스터드소스 약간

Tip
담음새가 예쁜 메뉴입니다. 안에 들어가는 채소는 오이 등 식감이 아삭한 것으로 대체해도 좋아요. 허니머스터드소스와 함께 드세요.

1 깻잎, 파프리카, 무순은 흐르는 물에 깨끗이 씻어서 물기를 뺀다.

2 달군 프라이팬에 훈제오리를 앞뒤로 노릇하게 구운 뒤 키친타월에 올려 기름기를 뺀다.

3 파프리카는 채 썰고, 무쌈은 체에 밭쳐 물기를 빼고, 깻잎은 무쌈 크기에 맞춰 자른다.

4 무쌈 위에 깻잎, 파프리카, 무순, 훈제오리를 올린 뒤 아랫부분을 포개듯 말면 완성. 허니머스터드소스를 곁들여 낸다.

통조림으로 일품요리

짜장떡볶이

떡볶이 떡(1줌), 3분짜장(1봉지), 양파(½개), 당근(½개), 양배추(1장), 풋고추(1개), 사각 어묵(½개), 고추장(0.5), 고춧가루(0.5), 물(½컵)

1 양파와 당근은 껍질을 벗기고, 양배추는 깨끗이 씻어 먹기 좋은 크기로 썰고, 풋고추는 어슷썰기한다.

2 달군 팬에 3분짜장, 고추장, 고춧가루, 물을 넣고 중간 불에서 2분간 볶는다.

3 2에 떡볶이 떡, 먹기 좋은 크기로 썬 사각 어묵을 넣고 볶는다.

4 3에 준비한 채소를 넣어 살짝 볶으면 완성.

⊙ 원래는 춘장을 볶아서 만들지만 3분짜장을 이용하면 간편해요. 여기에 갖가지 해물이나 비엔나소시지 등을 넣어 함께 볶으면 더 푸짐해집니다.

1인분 요리

꽁치무조림

꽁치 통조림(1통), 무(⅓개), 양파(⅓개), 대파(½대), 청양고추(1개), 물(1컵)

양념장 고추장(1), 고춧가루(1), 간장(1), 까나리액젓(0.5), 맛술(1), 물엿(1), 다진 마늘(0.5), 생강가루(0.3), 후춧가루 약간

1 꽁치는 체에 밭쳐 기름기를 빼고, 무는 도톰하게 썰고, 양파는 채 썬다.

2 냄비에 물을 붓고 무를 넣어 중간 불에서 10분간 끓인다.

3 무가 투명하게 익으면 꽁치, 양파를 올리고 잘 섞은 양념장을 넣어 끓인다.

4 국물이 끓으면서 반으로 줄었을 때 어슷하게 썬 대파와 청양고추를 넣고 조리면 완성.

○ 잘 익은 배추김치를 넣어 요리해도 좋고, 꽁치 통조림 대신 고등어 통조림으로 만들어도 맛있습니다.
맛술 대신 먹다 남은 청하 등을 이용해도 좋아요.

통조림으로 일품요리

1인분 요리를 돕는 알찬 통조림

바빠서 장도 보지 못하고 귀찮아서 많은 재료를 쓰고 싶지 않을 때 유용한 것이 바로 통조림입니다. 조리도 간편하고 보관도 쉬우니 비상용으로 구비해 놓으세요.

- **스팸**

반찬, 술안주 등 다양하게 활용하는 스팸은 찝찔한 맛이 포인트이지만, 기름기나 염분이 걱정된다면 끓는 물에 살짝 데쳐서 사용하세요. 요즘 스팸은 다양한 맛은 물론, 제조사에 따라 염분의 정도도 선택할 수 있습니다.

- **참치 통조림**

가장 보편적인 통조림인 참치 통조림은 그냥 먹어도 맛있고, 요리에 사용하기도 편해요. 매운맛, 채소맛, 짜장 맛 등 다양한 종류가 시판되고 있기 때문에 그대로 반찬 대신 먹어도 좋고, 요리에 이용해도 좋아요. 또 정사각 모양의 참치인 델큐브는 요리 후에도 모양이 그대로 유지되어 샐러드, 볶음밥 등에 이용하기 좋아요.

● 생선 통조림

김치찌개, 조림 등에 이용하기 좋은 꽁치 통조림이나 고등어 통조림은 뼈가 잘 발라져서 먹기에도 편해요. 혼자 생선 요리 해 먹기 귀찮을 때 유용해요.

● 닭가슴살 통조림

다이어트 식품으로 인기가 많은 닭가슴살은 통조림으로 이용하면 훨씬 간편해요. 담백하고 씹는 맛이 좋아 샐러드와 함께 먹거나 볶음밥 등에 이용해도 좋지요. 또 매운맛, 찜닭 맛 등 다양한 맛이 있어서 그대로 비빔밥 토핑으로 활용할 수도 있어요.

● 토마토 홀, 토마토 페이스트

홈메이드 파스타나 토마토소스를 만들 때 사용하면 깊고 풍부한 맛이 납니다. 토마토 홀은 토마토 과육이 들어 있어 씹는 맛이 있고, 토마토 페이스트는 맛이 진하고 부드러운 것이 특징이에요.

PART 5

입맛 도는
반주 한잔

포크찹

돼지고기 안심(300g), 양파($\frac{1}{2}$개), 피망(1개), 다진 마늘(1), 밀가루(2), 맛술(1), 소금·후춧가루·식용유 약간씩

토마토소스 케첩(6), 간장(0.5), 맛술(0.5), 소금·후춧가루 약간씩

Tip
안심 대신 목살을 이용하면 기름기가 좀 더 많아요. 토마토소스 대신 시판되는 파스타용 토마토소스를 이용해도 좋아요.

1 돼지고기 안심은 먹기 좋은 크기로 도톰하게 썬 뒤 소금, 후춧가루, 맛술을 뿌려 10분간 밑간한다.

2 밑간한 돼지고기에 앞뒤로 골고루 밀가루를 묻힌 뒤 가볍게 턴다.

3 중간 불로 달군 팬에 식용유를 두르고 2의 돼지고기를 올려 앞뒤로 노릇하게 굽는다.

4 달군 팬에 식용유를 두르고 채 썬 양파·피망과 다진 마늘을 넣어 2분간 볶는다.

5 4에 토마토소스를 넣고 3분간 볶는다.

6 접시에 구운 돼지고기와 5의 소스를 함께 담아내면 완성.

족발샐러드

족발(200g), 오이(½개), 배(½개), 양파(½개), 양상추(2장),
상추(4장), 깻잎(5장)

드레싱 간장(1), 연겨자(0.5), 다진 마늘(2), 설탕(0.5), 식초(3), 참깨 약간

1 오이는 깨끗이 씻어 반으로 갈라 어슷썰기한다.

2 배와 양파는 껍질을 벗겨 채 썬 뒤 양파는 찬물에 담가 아린 맛을 뺀다.

3 드레싱을 만들어 오이, 배, 양파에 넣고 잘 섞는다.

4 양상추, 상추, 깻잎은 깨끗이 씻어 물기를 제거한 뒤 먹기 좋은 크기로 뜯어 접시에 담는다.

5 4의 접시에 오이, 배, 양파 무친 것과 족발을 올리면 완성.

○ 먹다 남은 족발이 있다면 활용하기 딱 좋은 메뉴입니다. 족발을 한 입 크기로 썰어서 채소와 드레싱을 넣고 섞어 먹어도 좋아요.

닭봉구이

닭봉(1팩, 약 12개), 찹쌀가루(3), 녹말가루(3)
밑간 양념 간장(1), 맛술(2), 다진 마늘(1), 생강가루(0.3)
소스 간장(1), 고추기름(0.5), 꿀(1), 맛술(2), 설탕(1), 청양고추(½개)

1 닭봉은 칼집을 넣고 밑간 양념해 1시간 동안 재어둔다.

2 찹쌀가루, 녹말가루를 섞어 밑간 양념한 닭봉에 골고루 묻힌 뒤 가루가 스며들도록 잠시 둔다.

3 2의 닭봉을 170℃로 예열한 오븐에 20분간 구운 뒤 뒤집어서 10분간 더 굽는다.

4 팬에 소스 재료를 넣어 약간 걸쭉해지도록 끓여서 닭봉구이와 함께 낸다.

○ 기름에 튀긴 것보다 훨씬 담백해서 늦은 밤에 술안주로 먹기에도 부담이 없습니다.

새우떡볶음

떡볶이 떡(1줌), 중하(6마리), 양파(½개), 맛타리버섯(½줌),
쪽파(3개), 다진 마늘(0.5), 식용유 약간

양념장 간장(3), 설탕(1), 맛술(1), 참기름(1), 후춧가루 약간
새우 양념 다진 마늘(0.5), 고춧가루(1), 맛술(1)

1 새우는 껍질을 깐 뒤 새우 양념을 넣고 조물조물 무쳐 20분 간 재어둔다.

2 양파는 껍질을 벗겨 채 썰고, 맛타리버섯은 흐르는 물에 씻은 뒤 손으로 결대로 찢는다. 쪽파는 뿌리를 잘라내고 깨끗이 씻어 5cm 길이로 썬다.

3 달군 팬에 식용유를 두르고 다진 마늘, 채 썬 양파를 중간 불에서 2분간 볶는다.

4 3에 새우, 맛타리버섯을 넣어 3분간 볶는다.

5 4에 떡, 양념장을 넣어 4분간 볶는다.

6 떡이 말랑하게 익고 양념이 잘 배었을 때 쪽파를 넣고 섞듯이 한 번 더 볶으면 완성.

○ 맛타리버섯은 느타리버섯보다 갓이 작고 진한 것으로 마트나 시장에서 손쉽게 구할 수 있어요. 대가 굵지 않고 쫄깃해서 볶아 먹거나 찌개에 넣어 먹기 좋아요.

파닭샐러드

78

닭가슴살(1개), 달걀(1개), 대파(½대), 양상추(2장), 치커리(3장), 무순(½줌), 밀가루(½컵), 빵가루(½컵), 파르메산치즈 가루(2), 식용유 적당량

닭가슴살 밑간 양념 맛술(2), 생강가루(0.3), 후춧가루 약간
드레싱 간장(2), 설탕(1), 식초(1.5), 참기름(1), 다진 풋고추(0.5), 다진 붉은 고추(0.5), 참깨 약간

1 닭가슴살은 세로로 칼집을 넣어 2등분한 뒤 밑간 양념을 앞뒤로 골고루 발라 20분간 재어둔다.

2 밀가루, 빵가루, 파르메산치즈 가루를 잘 섞어 튀김옷을 만든다.

3 밑간 양념한 닭가슴살을 잘 풀어놓은 달걀에 담갔다가 앞뒤로 꼼꼼하게 튀김옷을 입힌다.

4 뜨거운 식용유에 닭가슴살을 앞뒤로 노릇하게 튀겨서 키친타월에 올려 기름기를 뺀 뒤 먹기 좋은 크기로 썬다.

5 대파는 깨끗이 씻어 가늘게 채 썬 뒤 찬물에 20분 이상 담가 아린 맛을 뺀다.

6 양상추, 치커리, 무순은 깨끗이 씻은 뒤 양상추, 치커리는 먹기 좋은 크기로 잘라 접시에 담는다.

7 6의 접시에 튀긴 닭가슴살, 파채를 올리고 먹기 직전에 드레싱을 뿌린다.

Tip
피자 배달시킬 때 딸려오는 파르메산치즈 가루를 사용하면 좋아요. 바쁠 땐 시판하는 뼈 없는 순살 치킨에 채소와 드레싱만 준비하세요.

오징어물숙회

오징어(1마리), 오이(½개), 깻잎(10장), 풋고추(1개), 양파(½개), 무순(1줌)

국물 양념장 다시마 우린 물(3컵), 고추장(2), 설탕(2.5), 고춧가루(0.5), 국간장(1), 식초(2.5), 참깨 약간

1 차갑게 식힌 다시마 우린 물에 나머지 국물 양념장 재료를 모두 넣어 섞고 냉장고에 넣어둔다.

2 오징어는 몸통 안쪽에 칼집을 넣은 뒤 채 썬다.

3 끓는 물에 오징어를 1분간 데친 뒤 찬물에 헹구고 체에 받쳐서 물기를 뺀다.

4 오이와 깻잎은 깨끗이 씻어 채 썰고, 풋고추는 송송 썰고, 양파는 껍질을 벗기고 채 썰어 10분간 찬물에 담가둔다.

5 그릇에 준비한 재료를 모두 담고 국물을 부으면 완성.

● 국물은 물론 모든 재료가 다 시원해야 제맛이에요. 술안주로도 좋고, 소면을 삶아 넣어도 맛있어요.

견과류쇠고기볶음

쇠고기 등심(200g), 호두(⅓컵), 땅콩(10개), 말린 크랜베리(⅓컵)

밑간 양념 간장(1), 맛술(1), 다진 마늘(1), 후춧가루 약간
소스 고추기름(2), 마른 고추(1개), 다진 마늘(0.5), 다진 양파(1), 간장(3), 물엿(2), 참기름(0.5)
튀김옷 녹말가루(5), 찹쌀가루(2), 달걀흰자(1개), 얼음(3조각), 물(⅓컵)

1 쇠고기는 손가락 길이로 썬 뒤 밑간 양념을 넣고 조물조물 무쳐 30분간 재어둔다.

2 튀김옷 재료를 볼에 담고 물을 조금씩 부으며 연유 정도의 농도로 맞춘 뒤 밑간한 쇠고기에 골고루 튀김옷을 묻힌다.

3 뜨거운 기름에 나무젓가락을 넣어 젓가락을 타고 기포가 따라 올라오면 2의 쇠고기를 넣어 튀긴 뒤 따로 담았다가 기름 온도를 조금 올려 다시 한 번 튀긴다.

4 달군 팬에 고추기름을 두르고 마른 고추, 다진 마늘, 다진 양파를 넣어 볶는다.

5 4에 나머지 소스 재료와 다진 호두, 땅콩, 말린 크랜베리를 넣어 살짝 볶다가 튀긴 쇠고기를 넣어 함께 볶아내면 완성.

● 견과류와 말린 과일이 포인트. 호두, 땅콩, 말린 크랜베리가 없다면 아몬드, 피스타치오, 건포도 등으로 대체해도 좋아요. 쇠고기는 등심 대신 채끝살이나 안심 등을 사용해도 됩니다.

칠리콘카르네

토마토(1개), 양파(½개), 붉은 피망(½개), 풋고추(1개), 다진 쇠고기(100g), 다진 마늘(0.3), 키드니빈 통조림(½캔), 토마토 홀(½캔), 페페론치노(3개), 칠리 가루 또는 고춧가루(2), 맛술(1), 물(½컵), 올리브유(1), 버터(1)

1 토마토는 열십자로 칼집을 내서 끓는 물에 1분간 데쳤다가 껍질을 벗긴 뒤, 씨 부분을 발라내고 과육 부분만 작게 자른다.

2 양파는 껍질을 벗겨 씻고, 붉은 피망과 풋고추는 깨끗하게 씻어서 모두 토마토와 같은 크기로 작게 자른다.

3 달군 팬에 올리브유, 버터를 넣고 버터가 녹으면 다진 쇠고기, 다진 마늘, 양파를 넣어 중간 불에서 4분간 볶는다.

4 3에 토마토, 붉은 피망, 풋고추, 키드니빈을 넣어 3분간 볶는다.

5 4에 으깬 토마토 홀, 페페론치노, 칠리 가루(또는 고춧가루)를 넣어 볶는다.

6 5에 맛술과 물을 넣고 걸쭉해지도록 끓이면 완성.

● 나초, 바게트 등을 찍어 먹으면 맥주 안주로 최고지요. 토마토 홀, 키드니빈 통조림, 페페론치노는 마트나 수입 재료 파는 곳에서 쉽게 구입할 수 있어요. 페페론치노는 마른 고추 또는 청양고추로 대체해도 됩니다.

고추냉이새우샐러드

중하(10마리), 양상추(2장), 달걀흰자(1개), 녹말가루(4), 맛술(1),
소금·후춧가루 약간씩

소스 플레인 요구르트(2), 마요네즈(1), 고추냉이(0.5), 레몬즙(1.5), 설탕(1),
후춧가루 약간

1 새우는 머리를 잘라내고 껍질을 벗겨 흐르는 물에 씻는다.

2 손질한 새우에 소금, 후춧가루, 맛술을 뿌려 10분간 밑간한다.

3 달걀흰자와 녹말가루를 섞은 뒤 밑간한 새우에 뒤적여가며 묻힌다.

4 뜨거운 식용유에 나무젓가락을 넣어 기포가 젓가락을 따라 보글보글 올라올 때 새우를 넣어 노릇하게 튀긴다.

5 소스 재료를 모두 섞어 넣어 튀긴 새우와 가볍게 섞는다.

6 양상추를 먹기 좋은 크기로 잘라 접시에 담고 소스에 버무린 새우를 올리면 완성.

● 뜨거운 기름에 한꺼번에 너무 많은 양을 넣어 튀기면 기름 온도가 낮아지니 주의하세요. 더욱 바삭한 튀김을 원한다면 처음엔 낮은 온도에서, 두 번째는 좀 더 온도를 높여서 튀기세요. 간단하게 온도를 측정해보는 방법을 소개합니다. 뜨거운 기름에 빵가루를 넣었을 때 빵가루가 용기 바닥까지 내려갔다 올라오면 낮은 온도이고, 기름 위에서 바로 튀겨지면 높은 온도입니다.

명란젓달걀찜

달걀(3개), 다시마 우린 물(1½컵), 명란젓(1개), 쪽파(1대)

1 달걀은 노른자에 붙은 알끈을 젓가락으로 떼어내고 잘 풀어둔다.

2 뚝배기에 1과 다시마 우린 물을 넣어 잘 섞는다.

3 강한 불에 뚝배기를 올려 3분간 끓인다.

4 명란젓을 1cm 두께로 썰어 끓는 뚝배기에 넣고 잘 섞어 중간 불에서 3분간 더 끓인다.

5 가장자리가 익어가면 숟가락으로 두어 번 뒤적인다.

6 5에 송송 썬 쪽파를 넣고 뚜껑을 덮어 약한 불에서 10~15분 더 익히면 완성.

○ 처음부터 명란젓을 넣고 끓이면 명란젓이 아래로 다 가라앉으니 국물이 끓은 뒤에 넣어 섞으세요. 명란젓의 껍질을 벗기고 잘 풀어서 넣는다면 처음부터 넣고 요리해도 괜찮아요.

찹스테이크

쇠고기 안심(200g), 주키니호박(⅓개), 파프리카(빨강, 노랑 ½개씩), 양송이버섯(2개), 식용유(1), 올리브유·소금·후춧가루 약간씩

스테이크 소스 버터(0.3), 다진 양파(2), 다진 마늘(0.3), 케첩(3), 우스터소스(3), 물(3), 레드 와인(1), 설탕(0.5), 간장(0.3), 전분 약간

1 쇠고기는 키친타월로 눌러 핏물을 제거한 뒤 한 입 크기로 썰어 올리브유, 소금, 후춧가루로 밑간한다.

2 채소는 씻어서 물기를 뺀 뒤 주키니호박은 세로로 반으로 갈라 씨를 제거하고 3cm 크기로 썰고, 파프리카도 같은 크기로 썰고, 양송이버섯은 열십자로 썰어 4등분한다.

3 달군 팬에 버터를 두르고 다진 양파, 다진 마늘을 1분간 볶는다.

4 3에 나머지 스테이크 소스 재료를 모두 넣어 약한 불에서 3분간 바글바글 끓인다.

5 다른 팬을 달궈 식용유를 두르고 주키니호박을 볶다가 반쯤 익으면 파프리카, 양송이버섯을 넣고 센 불에서 재빨리 볶은 뒤 소금, 후춧가루로 간해 접시에 담는다.

6 채소 볶은 팬을 다시 달궈 밑간한 쇠고기를 중간 불에서 3분간 볶는다.

7 6의 팬에 볶은 채소와 스테이크소스를 넣어 골고루 섞듯이 한 번 더 볶으면 완성.

Tip
작게 썰어서 요리하기 때문에 불 조절이 관건인 스테이크보다 비교적 쉽게 맛을 낼 수 있어요.

골뱅이소면

소면(½줌), 골뱅이 통조림(1개), 오이(1개), 양파(½개), 깻잎(5장), 오징어채(½줌), 소금(0.3)

양념장 고추장(0.5), 고춧가루(1), 골뱅이 통조림 국물(2), 물엿(0.5), 진간장(0.3), 설탕(0.3), 다진 마늘(0.3), 식초(1.5), 후춧가루(0.3), 참기름(0.3), 깨 약간

1 오이는 깨끗이 씻어 세로로 반 자른 뒤 씨 부분을 제거하고 손가락 길이로 썬다. 소금을 뿌려 10분간 절였다가 꼭 짠다.

2 양파는 껍질을 벗기고 채 썰어 20분간 찬물에 담가 매운맛을 빼고, 깻잎은 깨끗이 씻어 채 썬다.

3 볼에 골뱅이, 절인 오이, 오징어채를 넣는다.

4 3에 양념장과 양파, 깻잎을 넣어 조물조물 무친다.

5 끓는 물에 소면을 삶아 찬물에 헹군다.

6 4를 그릇에 담고 삶은 소면을 말아 그 위에 올리면 완성.

● 포인트는 절인 오이와 넉넉하게 들어간 후춧가루입니다. 오이를 절여서 넣으면 아삭아삭한 식감이 살고 시간이 지나도 물이 생기지 않아요. 또 후춧가루를 넉넉하게 넣어야 감칠맛이 풍부해요.

맛있고 가벼운 1인분 술

집에서 가볍게 술을 즐기는 사람이 늘어나면서 1인용 술 시장도 커지고 있습니다. 캔맥주의 종류도 다양해지고, 막걸리, 과실주, 와인까지 1인용 패키지를 찾아볼 수 있어요. 요리와 잘 어울리는 1인용 술을 소개합니다.

● 혼자서 먹기 좋은 술

캔 맥주 : 특유의 쌉싸름한 맛이 기름진 음식의 느끼함을 없애줍니다. 거품이 맥주잔의 2~3할 정도 되게 따르면, 맥주가 공기와 닿으며 신선한 맛을 잃는 것을 방지할 수 있어요.

캔 막걸리 : 한 번에 먹기 편한 양으로 부드러운 맛, 톡 쏘는 맛 등 식감이 여러 가지이고, 과일을 섞은 것 등 다양한 종류가 있습니다.

컵 정종 : 뚜껑을 따서 바로 마실 수 있는 컵 정종은 회, 일본 음식 등에 곁들이기 좋아요.

½ 와인 : 용량이 큰 와인병을 따기 부담스럽다면 하프 보틀을 이용해보세요. 와인은 스테이크 같은 서양 요리뿐 아니라 갈비찜, 삼겹살 등 우리나라 요리에도 잘 어울립니다.

● 숙취 해소에 좋은 식재료

콩나물 : 가장 손쉽게 구할 수 있는 콩나물은 아스파라긴이 다량 함유되어 있어 간에서 알코올을 분해하는 효소의 생성을 도와 숙취에 탁월한 효과가 있습니다.

북어 : 요즘은 먹기 좋은 크기로 잘라져 나온 제품도 있으니, 비상용으로 냉동실에 보관해두면 급할 때 사용하기 편해요. 콩나물과 함께 끓이면 더 시원합니다.

녹차 : 술 마신 다음 날 이것저것 만들어 먹기 귀찮다면 녹차 한 잔을 마셔보세요. 녹차 잎에서 폴리페놀 성분이 함유되어 있어 알코올 성분을 분해하는 데 큰 도움을 준다고 알려져 있습니다.

● 먹고 남은 술 활용하기

맥주, 청주 : 김빠진 맥주나 청주를 이용하면 고기 누린내나 생선 비린내를 잡을 수 있어요. 맥주에 고기나 생선을 담가놓으면 누린내나 비린내를 없애주고, 청주는 요리하는 중에 넣으면 잡내를 없애줍니다.

와인 : 레드 와인은 고기 누린내를 없애주고 육질을 부드럽게 해주며, 화이트 와인은 해산물 요리를 할 때 사용하면 비린내와 잡냄새를 없애줍니다.
또 키위, 파인애플, 사과 등 과일을 먹기 좋은 크기로 썰어 유리병에 담고 사이다와 와인을 같은 비율로 넣어 잘 섞으면 색다른 맛의 와인 펀치를 맛볼 수 있어요.

PART 6

마이 홈
카페 브런치

불고기샌드위치

바게트(10cm 길이), 쇠고기 불고깃감(200g), 양파(½개), 겨자 잎(1장), 치커리(2장), 무순(½줌), 할라페뇨(1개), 씨머스터드(1), 마요네즈(1), 식용유 약간

불고기 양념 간장(2.5), 설탕(0.5), 매실액(1), 맛술(0.5), 다진 대파(1), 다진 마늘(0.5), 참기름(0.5), 후춧가루 약간

1 쇠고기는 키친타월로 눌러 핏물을 제거한다.

2 쇠고기와 채 썬 양파를 볼에 담고 불고기 양념을 넣어 조물조물 무친 뒤 1시간 이상 재어둔다.

3 달군 팬에 식용유를 두르고 2의 불고기를 중간 불에서 볶는다.

4 바게트는 반으로 갈라 씨머스터드를 바른다.

5 겨자 잎, 치커리는 깨끗이 씻어 물기를 제거한 뒤 4에 올린다.

6 5에 불고기와 무순, 할라페뇨를 올린 뒤 마요네즈를 뿌리면 완성.

● 씨머스터드는 겨자씨가 그대로 살아 있어 톡톡 씹히는 맛이 좋아요. 스테이크 구울 때 고기 양면에 씨머스터드와 후춧가루를 듬뿍 바르고 구우면 색다른 맛을 즐길 수 있습니다.

Tip
불고기 양념을 만들기 어렵다면 시판 제품을 이용해도 좋아요.

카르보나라떡볶이

떡볶이 떡(1줌), 비엔나소시지(6개), 양파(½개), 당근(⅓개),
표고버섯(1개), 깻잎(6장), 다진 마늘(0.5), 굴소스(1), 맛술(1), 생크림(250ml),
파르메산치즈 가루(3), 후춧가루·식용유 약간씩

1 비엔나소시지는 어슷하게 썰고, 양파·당근·표고버섯·깻잎은 깨끗이 씻어서 채 썬다.

2 달군 팬에 식용유를 두르고 다진 마늘, 채 썬 양파를 중간 불에서 2분간 볶는다.

3 양파가 투명해지면 채 썬 당근과 표고버섯, 비엔나소시지를 넣어 함께 3분간 볶는다.

4 3에 굴소스, 맛술, 생크림, 파르메산치즈 가루를 넣어 3분간 볶는다.

5 4에 떡볶이 떡을 넣어 3분간 볶는다.

6 국물이 걸쭉해졌을 때 채 썬 깻잎, 후춧가루를 넣어 한 차례 더 볶으면 완성.

● 마트에서 파는 생크림의 용량이 커서 부담스럽다면 250ml씩 소포장된 휘핑크림을 사용하세요. 굴소스가 없다면 간장으로 대체하면 됩니다.

크로크무슈

식빵(3개), **햄**(2조각), **피자치즈**($\frac{1}{2}$줌)

베샤멜소스 버터(1), 밀가루(1), 우유(1컵), 소금·후춧가루 약간씩

1 달군 팬에 버터를 넣어 약한 불에서 녹이다가 밀가루를 넣어 2분간 볶는다.

2 1에 우유를 조금씩 넣으면서 잘 저어 약한 불에서 걸쭉해지도록 끓이다가 소금, 후춧가루를 넣는다.

3 식빵에 2의 베샤멜소스를 바른 뒤 햄을 올린다.

4 3 위에 식빵 한 장을 덮고 다시 베샤멜소스를 바른 뒤 피자치즈를 올려 180℃로 예열한 오븐에 15분 구우면 완성.

Tip

베샤멜소스 대신 인스턴트 크림수프를 사용해도 좋아요. 오븐이 없다면 가장 약한 불에서 팬 뚜껑을 닫고 피자치즈가 녹을 때까지 가열하세요.

비엔나식빵푸딩

식빵(2개), 비엔나소시지(4개), 양파(½개), 토마토(½개), 모차렐라치즈(1줌), 체다치즈(1장), 버터(1), 파슬리 가루·후춧가루 약간

달걀물 달걀(1개), 우유(⅓컵)

Tip
먹다 남은 식빵이나 바게트 위에 토핑을 푸짐하게 올리면 식사 대용으로 좋고, 비엔나소시지 대신 건포도, 밤 등을 올리면 디저트로 어울려요.

1 비엔나소시지는 반으로 자르고, 양파와 토마토는 깨끗이 씻어 채 썬다.

2 달군 팬에 중간 불에서 버터를 녹이고 양파, 토마토, 비엔나소시지, 후춧가루를 넣어 3분간 볶는다.

3 식빵은 4등분해서 오븐 용기 바닥에 깐다.

4 식빵 위에 볶은 양파·토마토·비엔나소시지를 올린다.

5 달걀과 우유를 잘 섞어 4에 뿌린다.

6 5에 모차렐라치즈, 체다치즈, 파슬리 가루를 뿌린 뒤 180℃로 예열한 오븐에 20~25분 구우면 완성.

새우오일파스타

스파게티 면(1줌), 중하(6마리), 마늘(4쪽), 페페론치노(5개),
스파게티 삶은 물(1국자), 소금·올리브유·파슬리 가루·후춧가루 약간씩

1 끓는 물에 소금을 조금 넣고 스파게티 면을 넣어 7분간 삶는다.

2 달군 팬에 올리브유를 두르고 편으로 썬 마늘을 중간 불에서 1분간 볶는다.

3 2에 새우와 페페론치노를 넣어 3분간 볶는다.

4 3에 삶은 스파게티 면과 스파게티 삶은 물을 넣어 끓이다가 볶고, 마지막에 파슬리 가루와 후춧가루를 뿌리면 완성.

● 이 요리의 포인트는 매운맛을 내는 페페론치노(169쪽 그림 참고)인데 마트나 백화점 수입 재료 코너에서 구입할 수 있어요. 없으면 말린 고추(1개)를 작게 잘라 넣으세요.

투움바파스타

페투치네(1줌), 중하(6마리), 양송이버섯(3개), 양파(½개), 마늘(2쪽), 우유(½컵), 올리브유·소금·후춧가루 약간씩

쪽파 생크림 생크림(1컵), 쪽파(5대), 간장(0.3)
새우 밑간 양념 고춧가루(1), 소금·후춧가루 약간씩

1 생크림에 송송 썬 쪽파, 간장을 넣고 잘 섞어 랩으로 씌운 뒤 냉장고에서 30분간 숙성시킨다.

2 새우는 깨끗이 씻어 머리와 껍질을 벗긴 뒤 밑간 양념에 버무려 20분간 재어둔다.

3 끓는 물에 소금을 넣고 페투치네를 넣어 7분간 삶는다.

4 달군 팬에 올리브유를 두르고 채 썬 양파, 편으로 썬 마늘을 넣어 중간 불에서 3분간 볶는다.

5 4에 새우, 양송이버섯을 넣어 3분간 볶는다.

6 5에 숙성시킨 쪽파 생크림, 우유를 넣어 3분간 끓인다.

7 약간 걸쭉해졌을 때 삶은 페투치네, 소금, 후춧가루를 넣고 조금만 볶으면 완성.

Tip
면이 넓은 페투치네, 안이 뚫리고 끝이 뾰족한 펜네, 꽈배기 모양의 푸실리 등 다양한 종류의 파스타 면을 이용해보세요.

카레우동

93

우동 사리(1봉), 고형 카레(1½조각), 닭 육수(1½컵), 닭가슴살(1캔), 양파(½개), 양배추(1장), 풋고추(1개), 대파(½대), 옥수수(2)

1 양파, 양배추, 풋고추, 대파는 깨끗이 씻어 물기를 뺀 뒤 양파와 양배추는 채 썬다.

2 중간 불에서 닭 육수를 끓이다가 고형 카레를 넣어 녹이면서 3분간 끓인다.

3 2에 양파, 양배추, 닭가슴살을 넣고 3분간 끓인다.

4 3에 살짝 데친 우동 사리를 넣고 2분간 끓인다.

5 어슷 썬 풋고추와 대파, 옥수수를 넣고 한소끔 더 끓이면 완성.

Tip

물에 닭가슴살을 넣고 끓여 육수를 만들고, 익은 닭가슴살은 찢어서 고명으로 올리면 좋아요. 닭 육수가 없다면 치킨 스톡을 이용하세요.

파인애플쌀국수볶음

쌀국수 면(1줌), 파인애플 링(1개), 숙주(1줌), 풋고추(1개), 붉은 고추($\frac{1}{2}$개), 양파($\frac{1}{2}$개), 새우(6마리), 다진 마늘(1), 달걀(1개), 고추기름(1), 참기름(0.5)

소스 간장(2), 피시소스 또는 까나리액젓(0.5), 물엿(1), 후춧가루 약간, 물($\frac{1}{2}$컵)

1 숙주·풋고추·붉은 고추는 흐르는 물에 씻어 물기를 제거하고, 양파는 껍질을 벗겨 채 썬다.

2 새우는 껍질을 벗기고 흐르는 물에 씻는다.

3 달군 팬에 고추기름을 넣고 다진 마늘, 채 썬 양파를 중간 불에서 2분간 볶는다.

4 팬 한쪽에 달걀을 잘 풀어서 젓가락으로 휘저어가며 익힌다.

5 4에 새우, 도톰하게 썬 파인애플을 넣어 3분간 볶는다.

6 소스 재료를 잘 섞어 5에 넣고 3분간 끓인다.

7 끓는 물에 쌀국수 면을 4분간 삶아 6에 넣는다.

8 7에 숙주, 채 썬 고추를 넣어 가볍게 볶은 뒤 마지막에 참기름을 넣어 섞으면 완성.

● 파인애플은 생과일로 이용해보세요. 통조림을 이용했을 때보다 씹는 맛이 좋고 덜 달아요.

명란크림파스타

파스타 면(1줌), 생크림(2/3컵), 명란젓(1개), 다진 마늘(0.5), 양파(1/2개), 깻잎(4장), 파슬리 가루·소금 약간씩, 올리브유(1), 버터(0.5)

Tip

명란젓은 껍질을 벗기고 사용해야 부드럽게 씹혀요. 냉동된 것은 그냥 껍질을 벗겨내고 냉장된 것은 세로로 칼집을 넣어 칼로 알맹이를 긁어내세요.

1 끓는 물에 소금을 넣고 파스타 면을 7분간 삶는다.

2 명란젓은 껍질을 벗긴다.

3 달군 팬에 올리브유, 버터를 넣어 녹이다가 다진 마늘, 채 썬 양파를 넣어 중간 불에서 3분간 볶는다.

4 3에 생크림과 껍질 벗긴 명란젓을 넣어 2분간 볶는다.

5 4에 삶은 파스타 면, 파슬리 가루를 넣어 2분간 볶는다.

6 5를 접시에 담고 채 썬 깻잎을 올리면 완성.

스위트콘오믈렛

옥수수(3), 비엔나소시지(4개), 베이컨(2줄), 방울토마토(3개),
양파($\frac{1}{3}$개), 피망($\frac{1}{2}$개), 치커리(1줌), 달걀(3개), 우유($\frac{1}{2}$컵),
케첩·파르메산치즈 가루·식용유 약간씩

1 비엔나소시지는 2등분하고, 베이컨은 먹기 좋은 크기로 썬다.

2 방울토마토는 깨끗이 씻어서 2등분하고, 양파와 피망은 채 썬다.

3 달걀은 잘 푼 뒤 우유를 넣어 섞는다.

4 달군 팬에 식용유를 두르고 비엔나소시지, 베이컨, 양파를 넣어 중간 불에서 3분간 볶는다.

5 4에 방울토마토, 피망, 옥수수를 넣어 2분간 볶는다.

6 5에 3의 달걀물을 붓고 케첩을 골고루 뿌린 뒤 약한 불에서 뚜껑을 닫고 5분간 익힌다.

7 윗면까지 골고루 잘 익으면 불에서 내린 뒤 치커리를 올리고 파르메산치즈 가루를 뿌리면 완성.

● 넣는 재료에 따라서 완전히 다른 맛의 오믈렛을 만들 수 있어요. 삶은 감자를 얇게 썰어 넣어도 좋고, 맛살을 찢어 넣어도 좋아요.

로코모코

밥(1공기), 양상추(1장), 치커리(2장), 달걀(1개)

패티 간 돼지고기(100g), 양파(½개), 빵가루(2), 달걀(½개), 소금·후춧가루·식용유 약간씩

소스 버터(0.5), 돈가스소스(2), 케첩(2), 물(2), 후춧가루 약간

1 양파는 껍질을 벗겨 잘게 썬 뒤 달군 팬에 식용유를 두르고 중간 불에서 3분간 볶는다.

2 볼에 간 돼지고기, 볶은 양파, 빵가루, 달걀, 소금, 후춧가루를 넣어 치대면서 반죽한다.

3 반죽을 손바닥 크기로 둥글넓적하게 빚은 뒤 달군 팬에 올려 중간 불에서 앞뒤로 노릇하게 굽는다.

4 달군 팬에 버터를 두르고 나머지 소스 재료를 넣어 약한 불에서 끓이면서 윤기 나게 조린다.

5 다른 달군 팬에 달걀을 깨뜨려 넣고 반숙으로 익힌다.

6 그릇에 밥을 담고 깨끗하게 씻은 양상추, 치커리를 올린다.

7 그 위에 소스와 패티를 차례로 올리고 반숙 달걀 프라이를 올리면 완성.

Tip
하와이 전통 요리예요. 빠르게 만들고 싶다면 시판하는 3분 햄버거를 데워서 이용해도 좋아요.

수제햄버거

햄버거 빵(1개), 베이컨(2장), 치즈(1장), 토마토 슬라이스(1쪽), 양상추(1장), 케첩(1), 마요네즈(1), 머스터드(1), 식용유 약간

패티 간 쇠고기(100g), 간 돼지고기(50g), 잘게 썬 양파(1), 달걀노른자(½개), 간장(1), 소금·후춧가루 약간씩

1 패티 재료를 잘 섞어 둥글넓적하게 빚는다.

2 달군 팬에 식용유를 두르고 패티를 올려 중간 불에서 앞뒤로 각각 1분씩, 약한 불에서 각각 4~5분씩 노릇하게 굽는다.

3 베이컨은 반으로 잘라 달군 팬에 굽는다.

4 햄버거 빵 단면에 마요네즈, 머스터드를 골고루 펴 바른다.

5 그 위에 구운 패티를 올리고 케첩을 뿌린 뒤 베이컨, 치즈를 올린다.

6 또 그 위에 토마토, 양상추를 올리고 나머지 빵으로 덮으면 완성.

Tip

깨끗하게 씻은 감자를 껍질째 반달 모양으로 썰어 소금, 후춧가루를 넉넉하게 뿌린 뒤 오븐에 20분간 구워 함께 내면 홈메이드 버거 세트!

고르곤졸라피자

토르티야(1장), 고르곤졸라치즈(½줌), 피자치즈(1줌)
딥 꿀(3), 마늘(1쪽), 식용유 약간

1 달군 팬에 토르티야를 앞뒤로 살짝 굽는다.

2 고르곤졸라치즈를 작은 조각으로 잘라 구운 토르티야 위에 골고루 뿌린다.

3 그 위에 피자치즈를 넉넉하게 뿌리고 200℃로 예열한 오븐에 10분간 굽는다.

4 달군 팬에 식용유를 두르고 잘게 자른 마늘을 약한 불에서 2분간 볶는다.

5 꿀에 볶은 마늘을 잘 섞어 구운 피자와 함께 낸다.

● 고르곤졸라치즈는 녹색 곰팡이를 이용해 숙성시킨 이탈리아의 대표적인 곰팡이 카망베르치즈로 강하고 매콤한 맛이 특징이에요. 남은 고르곤졸라치즈는 잘 밀봉해서 김치냉장고에 보관하면 오래 두고 먹을 수 있어요.

바나나핫샌드위치

바나나(2개), 식빵(3개), 달걀(1개), 우유(½컵), 버터(2), 설탕(1), 물엿(1), 시나몬 가루·식용유 약간씩

1 달군 팬에 버터(1), 설탕, 물엿을 넣고 약한 불에서 연한 갈색빛이 돌도록 녹인다.

2 바나나는 1cm 두께로 썰어 1에 넣고 앞뒤로 노릇하게 굽는다.

3 식빵 위에 구운 바나나를 올리고 다른 식빵으로 덮은 뒤 바나나를 올리고 식빵으로 덮는다.

4 달걀을 잘 풀어 우유와 함께 섞어서 3을 푹 담가 적신다.

5 달군 팬에 버터(1)와 식용유를 두르고 4를 앞뒤로 노릇하게 굽는다.

6 구운 샌드위치 위에 시나몬 가루를 솔솔 뿌리면 완성.

Tip
구울 때 달걀과 우유 섞은 것을 위에 계속 부으면서 구우세요. 식빵에 땅콩버터잼을 바르고 바나나를 올려 구워도 맛있어요.

터널샌드위치

바게트(½개), 프랑크소시지(1개), 오이(½개), 양파(½개), 크래미(3개), 달걀(1개), 치즈(1장), 마요네즈(2), 소금·후춧가루·식용유 약간씩

1 냄비에 달걀을 담고 잠길 정도로 물을 부어 15분간 삶는다.

2 오이는 깨끗하게 씻어 얇게 썰고 양파는 잘게 썬 뒤 각각 소금을 뿌려 10분간 절였다가 꼭 짜서 물기를 제거한다.

3 크래미는 잘게 찢고, 삶은 달걀은 흰자는 가늘게 채 썰고 노른자는 곱게 부순다.

4 준비한 오이, 양파, 크래미, 달걀에 마요네즈, 소금, 후춧가루를 넣어 잘 섞는다.

5 프랑크소시지는 달군 팬에 식용유를 두르고 노릇하게 굽는다.

6 바게트를 반으로 잘라 안을 집게나 젓가락으로 파낸 뒤 구운 프랑크소시지를 치즈로 감아서 넣는다.

7 바게트의 남은 빈 공간에 4를 꽉 채워 넣고 먹기 좋은 크기로 자르면 완성.

Tip
파낸 바게트 부분은 식빵 푸딩으로 만들어 먹거나, 말려서 빵가루를 내어 사용하세요.

에그베네딕트

잉글리시 머핀(1개), 달걀(1개), 샌드위치용 햄(1장), 식초(1)
홀랜다이즈소스 버터(50g), 달걀노른자(1개), 레몬즙(0.5), 물(1)

1 냄비에 물을 붓고 식초를 넣어 끓이다가 달걀을 조심스럽게 깨뜨려 넣어 수란을 만든다.

2 다른 냄비에 달걀노른자, 레몬즙, 물을 넣고 거품기로 저으면서 중탕으로 익힌다.

3 버터를 중탕으로 녹여 2에 넣고 저으면서 섞는다.

4 잉글리시 머핀은 반으로 잘라 달군 팬에 앞뒤로 노릇하게 굽는다.

5 샌드위치용 햄은 머핀 크기에 맞춰 자른다.

6 머핀 위에 샌드위치용 햄, 수란을 올린 뒤 홀랜다이즈소스를 뿌리면 완성.

● 잉글리시 머핀이 없다면 모닝빵이나 식빵을 이용해도 좋아요.
수란을 만들기 어렵다면 국자에 식용유를 조금 바르고 달걀을 깨뜨려 넣어 끓는 물에서 중탕으로 익히세요.

양파수프

103

양파(½개), 다진 마늘(0.3), 닭 육수(2컵), 바게트(2개), 피자치즈(1줌),
파슬리 가루·소금·후춧가루 약간씩, 올리브유 적당량

1 달군 팬에 올리브유를 약간 두르고 채 썬 양파, 다진 마늘을 넣어 중간 불에서 양파가 갈색이 될 때까지 볶는다.

2 1에 닭 육수를 붓고 끓이다가 소금, 후춧가루로 간한다.

3 바게트는 1cm 두께로 썬 뒤 올리브유(1), 파슬리 가루를 뿌려 200℃로 예열한 오븐에 5~10분간 굽는다.

4 내열 용기에 2의 수프를 담고 구운 바게트를 올린다.

5 4에 피자치즈를 듬뿍 올린 뒤 180℃로 예열한 오븐에 10분간 구우면 완성.

Tip

닭 육수를 넣으면 진한 맛이 좋지만, 좀 더 담백하고 가볍게 먹고 싶다면 물이나 다시마 우린 물로 대체하세요.

토마토수프

토마토(1개), 양배추(2장), 양파($\frac{1}{2}$개), 프랑크소시지(1개), 다진 마늘(0.5), 토마토케첩(2), 닭 육수($2\frac{1}{2}$컵), 월계수 잎(2장), 올리브유(1), 소금·후춧가루 약간씩

1 토마토와 양배추는 깨끗이 씻어 물기를 제거하고, 양파는 껍질을 벗긴다.

2 토마토는 열십자로 칼집을 내어 끓는 물에 살짝 데친 뒤 껍질을 까서 작게 자른다.

3 양배추, 양파, 프랑크소시지는 먹기 좋은 크기로 자른다.

4 달군 팬에 올리브유를 두르고 양파, 다진 마늘을 넣어 중간 불에서 3분간 볶는다.

5 4에 양배추, 프랑크소시지, 케첩을 넣고 3분간 볶는다.

6 5에 닭 육수, 토마토, 월계수 잎을 넣어 15분 정도 끓인 뒤 소금, 후춧가루로 간하면 완성.

버터토스트와 스크램블드에그

식빵(1개), 버터(1), 달걀(2개), 우유(1), 소금·후춧가루 약간씩

1 달군 팬에 식빵을 올려 약한 불에서 앞뒤로 굽는다.

2 식빵 한쪽 면에 버터(0.5)를 골고루 바르고 약한 불에서 다시 굽는다.

3 달걀은 알끈을 제거한 뒤 우유, 소금, 후춧가루를 넣어 충분히 휘젓는다.

4 팬에 버터(0.5)를 두르고 3을 넣어 약한 불에서 익힌다.

5 달걀 가장자리가 서서히 익으면 젓가락으로 휘저으며 익힌 뒤 버터토스트와 함께 낸다.

● 촉촉하고 부드러운 버터토스트와 스크램블드에그를 만드는 방법은 서두르지 않고 천천히 하는 것입니다. 센 불에서 마구 휘저으면 달걀이 다 부스러지고 단단해져 부드러운 맛이 없거든요. 통식빵을 두툼하게 잘라서 구우면 더 폭신폭신한 버터토스트가 됩니다.

마카로니앤드치즈

마카로니(½컵), 체다치즈(3장), 우유(1컵), 버터(1), 밀가루(1), 소금·후춧가루·파슬리 가루 약간씩

1 끓는 물에 마카로니를 넣어 5분간 삶는다.

2 달군 팬에 약한 불에서 버터를 녹이다가 밀가루를 넣어 2분간 볶는다.

3 2에 우유를 조금씩 부으면서 잘 저으며 중간 불에서 끓인다.

4 우유가 끓으면 체다치즈를 넣고 치즈가 녹으면 마카로니를 넣어 2분간 끓인다.

5 소금, 후춧가루를 넣어 간하고 파슬리 가루를 뿌리면 완성.

Tip

베이컨을 기름 두르지 않은 팬에 바짝 구워서 잘게 부숴 위에 뿌려도 좋아요. 먹고 남은 마카로니앤드치즈는 오븐에 살짝 구워 드세요.

크림치즈쪽파베이글

베이글(1개), 크림치즈(100g), 다진 스팸(1½), 쪽파(3대), 사과(½개), 설탕(1), 레몬즙(0.5)

1 다진 스팸은 바짝 구워서 키친타월에 올려 기름기를 뺀다.

2 쪽파는 파란 부분만 송송 썰고, 사과는 슬라이스한다.

3 크림치즈는 실온에 두어 말랑해지면 거품기로 잘 저어 부드럽게 푼 뒤 설탕, 레몬즙을 넣어 잘 섞는다.

4 3에 스팸, 쪽파를 넣어 가볍게 섞는다.

5 베이글을 반으로 갈라 한쪽 면에 4의 크림치즈를 바른 뒤 사과 슬라이스를 올리고 다시 크림치즈를 바른 뒤 나머지 베이글로 덮으면 완성.

● 쪽파를 크림치즈에 넣고 뭉개지지 않게 가볍게 섞으세요. 스팸 대신 베이컨을 구워 넣어도 좋고 생략해도 좋아요.

더블치즈샌드위치

식빵(2개), 샌드위치용 햄(1장), 체다슬라이스치즈(2장), 모차렐라치즈($\frac{1}{2}$줌), 토마토케첩(2)

Tip
아래위로 포개지는 핫샌드위치 팬이 있다면 이용해보세요. 더블치즈샌드위치는 누르는 듯 압력을 가해서 납작하게 포개지도록 구워야 맛있어요.

1 달군 팬에 샌드위치용 햄을 앞뒤로 노릇하게 굽는다.

2 식빵 각각의 한쪽 면에 케첩을 골고루 펴 바른다.

3 케첩 바른 식빵 위에 체다슬라이스치즈와 모차렐라치즈를 올린다.

4 그 위에 햄, 체다슬라이스치즈, 모차렐라치즈를 올린 뒤 나머지 식빵으로 덮는다.

5 약한 불에서 달군 팬에 4를 올리고 냄비 뚜껑 등으로 누르며 안에 들어 있는 치즈가 녹도록 앞뒤로 노릇하게 구우면 완성.

홈메이드뮈슬리

오트밀(200g), 피칸(20g), 호두(25g), 아몬드(25g),
호박씨(20g), 말린 살구(20g), 크랜베리(20g), 건포도(15g), 버터(20g),
포도씨유(20g), 꿀(40g)

1 오트밀은 체에 여러 번 쳐서 가루를 제거한다.

2 피칸, 호두, 아몬드는 호박씨 크기로 잘라 호박씨와 함께 180℃로 예열한 오븐에 5분간 굽는다.

3 버터를 중탕하거나 전자레인지에 녹인 뒤 포도씨유를 섞고, 꿀을 섞는다.

4 오트밀과 견과류를 한데 섞은 뒤 3를 부어 뒤적뒤적 섞는다.

5 오븐 팬에 종이 포일을 깔고 4를 올려 넓게 펴서 180℃로 예열한 오븐에 10분간 구운 뒤 다시 뒤적거리며 섞어서 5~10분간 더 굽는다.

6 종이 포일째 식힘망 위에서 완전히 식힌 뒤에 작게 자른 말린 살구, 크랜베리, 건포도와 함께 섞으면 완성.

● 오트밀은 대형 마트나 홈 베이킹 온라인 숍에서 구입할 수 있어요.
꿀 대신 아가베 시럽이나 메이플 시럽을 이용해도 좋아요. 포도씨유 대신 일반 식용유나 해바라기씨유를 이용해도 되지만 올리브유는 향이 너무 강하니 쓰지 마세요.
밀폐 용기에 담아두고 아침 식사 대용으로 이용하세요.

PART 7

가볍게
샐러드 1인분

통양상추샐러드

양상추(½통), **베이비 채소**(½줌), **베이컨**(1개), **호두**(3알)

드레싱 플레인 요구르트(2), 마요네즈(2), 레몬즙(1), 식초(1), 파슬리 가루·소금 약간씩

Tip
양상추 위에 뿌리는 토핑은 취향에 따라 바꿔 보세요. 견과류를 더 많이 올리거나 석류 등 과일을 이용해도 좋아요.

1 양상추는 큼직하게 ¼등분해 자른 뒤 찬물에 담갔다가 건져 물기를 뺀다.

2 베이비 채소는 흐르는 물에 가볍게 씻어서 체에 받쳐 물기를 뺀다.

3 베이컨은 기름을 두르지 않고 달군 팬에 바싹 구워 잘게 자른다.

4 호두도 작게 자른다.

5 접시에 양상추를 올리고 베이비 채소, 베이컨, 호두를 올린 뒤 드레싱을 잘 섞어 뿌리면 완성.

냉우동샐러드

우동 사리(1봉), 무순($\frac{1}{2}$줌), 오이($\frac{1}{2}$개), 치커리(2장), 크래미(2개)

드레싱 올리브유(3), 식초(2), 간장(1.5), 설탕(0.5), 레몬즙(1), 맛술(1), 참기름(1)

1 무순, 오이, 치커리는 깨끗이 씻어 물기를 제거한다.

2 오이·치커리는 채 썰고, 크래미는 결대로 찢는다.

3 끓는 물에 우동 사리를 삶아 찬물로 헹군 뒤 체에 밭쳐 물기를 뺀다.

4 드레싱 재료를 잘 섞는다.

5 우동 사리에 준비한 고명을 올리고 드레싱을 부어 잘 섞으면 완성.

● 냉우동샐러드의 포인트는 차갑게 먹는 것이니 모든 재료를 시원하게 준비하세요. 우동 사리 외에도 버미셀리 등 다양한 면으로 활용할 수 있어요.

감자참치샐러드

감자(1개), 달걀(1개), 델큐브 참치(½캔), 양파(½개), 피클(½줌), 할라페뇨(1개)

드레싱 마요네즈(2), 씨머스터드(0.3), 설탕(0.3), 후춧가루 약간

1 감자는 껍질을 벗겨 사방 1.5cm 크기로 깍둑썰기한다.

2 냄비에 감자가 잠길 정도로 물을 붓고 중간 불에서 15분간 감자를 삶는다.

3 냄비에 달걀이 잠길 정도로 물을 붓고 중간 불에서 15분간 달걀을 삶은 뒤 감자와 같은 크기로 썬다.

4 양파는 슬라이스한 뒤 찬물에 10분 동안 담가 아린 맛을 뺀다.

5 피클과 할라페뇨는 얇게 썰고, 참치는 체에 밭쳐 기름기를 뺀다.

6 볼에 드레싱 재료를 잘 섞은 뒤 양파, 피클, 할라페뇨를 넣어 가볍게 섞는다.

7 6에 감자, 달걀, 참치를 넣어 섞으면 완성.

Tip

샐러드를 만들 때는 네모난 모양의 참치를 이용해보세요. 감자, 달걀을 같은 크기로 잘라 섞으면 모양이 깔끔하고 먹기에도 편합니다.

오렌지닭가슴살샐러드

닭가슴살(1개), 오렌지(1개), 양상추(1잎), 치커리(3장), 물(⅓컵), 식용유 약간

닭가슴살 양념 물(2), 간장(2), 맛술(1), 흑설탕(0.5), 생강가루(0.3), 다진 마늘(0.5)
드레싱 올리브유(3), 오렌지즙(½개 분량), 식초(2), 설탕(0.5), 씨머스터드(1), 후춧가루 약간

1. 양상추, 치커리는 흐르는 물에 씻은 뒤 체에 받쳐 물기를 뺀다.

2. 닭가슴살은 닭가슴살 양념에 버무려 냉장고에서 2시간 재어둔다.

3. 달군 팬에 식용유를 두르고 닭가슴살과 양념, 물을 넣어 중간 불에서 굽는다.

4. 양념이 졸아들면서 닭가슴살 겉면이 완전히 익으면 단면이 넓게 나오도록 비스듬히 칼을 넣어 썬다.

5. 4를 다시 달군 팬에 올려 약한 불에서 속까지 완전히 익도록 굽는다.

6. 오렌지는 껍질을 벗긴 뒤 칼로 단면이 보이도록 8등분한다.

7. 접시에 양상추, 치커리를 깔고 구운 닭가슴살과 오렌지를 번갈아가며 담은 뒤 드레싱을 잘 섞어 뿌리면 완성.

● 오렌지 대신 귤이나 한라봉 등을 이용해도 좋아요. 오렌지는 속살이 보이도록 칼로 썰어야 담은 모양새가 예뻐요.

리코타치즈샐러드

우유(500ml), 생크림(250ml), 양상추(1장), 치커리(2장), 로메인 상추(2장), 아몬드 슬라이스(½줌), 말린 크랜베리(½줌), 레몬즙(2), 바게트 적당량, 소금 약간

드레싱 올리브유(2), 꿀(2), 레몬즙(2), 소금 약간

1. 냄비에 우유, 생크림을 넣고 약한 불에서 끓인다.
2. 가장자리가 보글보글 끓으면 레몬즙, 소금을 넣은 뒤 약한 불에서 젓지 말고 그대로 20~30분 정도 끓인다.
3. 체에 면포를 깔고 순두부처럼 몽글몽글해진 2의 치즈를 부어 30분 정도 물기를 뺀다.
4. 면포를 한데로 모아 단단하게 묶은 뒤 냉장실에서 5~6시간 굳힌다.
5. 양상추, 치커리, 로메인 상추는 흐르는 물에 깨끗하게 씻은 뒤 체에 밭쳐 물기를 뺀다.
6. 양상추, 치커리, 로메인 상추를 먹기 좋은 크기로 찢어 접시에 담고 4를 올린다.
7. 그 위에 아몬드 슬라이스, 말린 크랜베리를 올리고 드레싱을 뿌린 뒤 바게트와 함께 낸다.

● 치즈를 면포에 올린 뒤 힘을 주어 누르면 치즈가 다 빠져나가니 자연스럽게 물기가 빠지도록 30분 정도 그대로 체에 밭쳐두세요. 시판하는 리코타치즈를 이용해도 좋아요. 채소는 취향에 따라 선택하세요.

가볍게 샐러드 1인분

버섯떡샐러드

가래떡(10cm), 새송이버섯(1개), 맛타리버섯(½줌), 양상추(1장), 치커리(2장), 베이비 채소(½줌), 식용유 약간

볶음 양념 간장(0.5), 발사믹 식초(1), 올리고당(1), 참기름(0.3), 소금·후춧가루 약간씩
드레싱 발사믹 식초(1.5), 올리브유(1.5), 다진 양파(2), 다진 마늘(0.5), 올리고당(1), 소금·후춧가루 약간씩

1 새송이버섯, 맛타리버섯, 양상추, 치커리, 베이비 채소는 깨끗하게 씻어 물기를 제거한다.

2 새송이버섯, 맛타리버섯, 가래떡은 0.5cm 두께로 썬다.

3 달군 팬에 식용유를 두르고 새송이버섯, 맛타리버섯, 가래떡을 넣어 중간 불에서 2분간 볶는다.

4 3에 볶음양념을 넣어 3분간 볶는다.

5 양상추, 치커리, 베이비 채소를 먹기 좋은 크기로 잘라 접시에 올린 뒤 볶은 버섯과 가래떡을 올린다.

6 5에 드레싱 재료를 잘 섞어 뿌리면 완성.

○ 취향에 따라 마지막에 파르메산치즈 가루를 뿌려도 좋아요.

Tip
발사믹 식초는 단맛이 강한 포도즙과 포도주를 숙성시킨 식초입니다. 올리브유와 섞어 빵을 찍어 먹거나 샐러드의 드레싱으로 이용할 수 있어요.

새우토마토샐러드

중하(12마리), 양상추(4장), 토마토(1개), 맛술(1), 후춧가루 약간, 튀김 기름 적당량

튀김옷 달걀흰자(1개), 녹말가루(3)
드레싱 마요네즈(3), 꿀(1), 레몬즙(1)

Tip
토마토 대신 다른 과일로 대체해도 좋아요. 좀 더 개운한 뒷맛을 원한다면 드레싱에 고추냉이를 조금 넣어보세요. 톡 쏘는 뒷맛이 시원합니다.

1 새우는 껍질을 벗기고 맛술, 후춧가루를 뿌려 10분간 재어 둔다.

2 달걀흰자와 녹말가루를 가볍게 섞은 뒤 밑간한 새우를 넣어 튀김옷을 입힌다.

3 뜨거운 기름에 2를 넣어 노릇하게 튀긴다.

4 드레싱 재료를 잘 섞은 뒤 튀긴 새우를 넣어 버무린다.

5 양상추는 깨끗이 씻어 물기를 빼고, 토마토는 8등분한다.

6 접시에 양상추, 토마토, 새우를 차례로 올리면 완성.

버섯가지샐러드

새송이버섯(1개), 맛타리버섯(½줌), 가지(½개), 마늘(5쪽), 쪽파(2개), 소금·후춧가루·식용유 약간씩

드레싱 간장(3), 맛술(1), 올리고당 또는 꿀(1), 올리브유(4), 깨(0.3)

1. 새송이버섯, 맛타리버섯, 가지, 쪽파는 흐르는 물에 씻어 물기를 뺀다.
2. 가지는 도톰하게 어슷하게 썰고, 마늘은 편으로 썰고, 쪽파는 5cm 길이로 썬다.
3. 새송이버섯은 편으로 썰고, 맛타리버섯은 가닥가닥 찢는다.
4. 달군 팬에 식용유를 두르고 마늘을 노릇하게 구운 뒤 접시에 따로 담아놓는다.
5. 마늘 볶았던 팬에 새송이버섯, 맛타리버섯, 가지를 넣어 앞뒤로 2분간 굽는다.
6. 5에 쪽파, 소금, 후춧가루를 넣어 1분간 볶는다.
7. 접시에 볶은 버섯과 가지를 담고 구운 마늘을 올린 뒤 드레싱을 잘 섞어 뿌리면 완성.

○ 샐러드를 먹을 때는 드레싱을 한꺼번에 다 붓지 말고 맛을 보면서 조금씩 추가하세요. 겉으로 보기엔 드레싱이 넉넉하지 않아 보여도 가지가 드레싱을 다 흡수해서 자칫하면 짤 수 있어요. 무순을 올려 상큼한 맛을 더해도 좋습니다.

가볍게 샐러드 1인분

해물크루동샐러드

칵테일 새우(1줌), 양상추(1장), 치커리(2장), 겨자 잎(1장), 방울토마토(3개), 식용유(0.5), 버터(0.5), 식빵(1개), 파슬리 가루·식용유 약간씩

새우 밑간 양념 맛술(1), 소금·후춧가루 약간씩
드레싱 머스터드(3), 마요네즈(2), 꿀(2), 소금·후춧가루 약간씩

1 달군 팬에 식용유, 버터를 넣어 약한 불에서 버터를 녹인 뒤 사방 1cm 크기로 썬 식빵, 파슬리 가루를 넣고 바삭해지도록 굽는다.

2 새우는 흐르는 물에 가볍게 씻어 물기를 뺀 뒤 밑간 양념해 10분간 재어둔다.

3 달군 팬에 식용유를 두르고 새우를 넣어 중간 불에서 2분간 굽는다.

4 양상추, 치커리, 겨자 잎, 방울토마토는 깨끗이 씻어 물기를 뺀다.

5 채소를 먹기 좋은 크기로 잘라 접시에 깔고 새우를 올린 뒤 드레싱을 뿌리고 구운 크루동을 올리면 완성.

Tip
먹다 남은 식빵이나 바게트를 작게 잘라 구워 크루동으로 만들어 샐러드나 수프 등에 넣어보세요. 냉동 보관했다면 먹기 전에 한 번 더 구워요.

문어해초샐러드

자숙문어 다리(1개), 모둠 해초(1줌), 오이(½개), 소금 약간

드레싱 간장(2), 고추냉이(0.5), 설탕(1), 레몬즙(2), 식초(1), 포도씨유(1), 소금 약간

1 모둠 해초는 찬물에 헹군 뒤 체에 밭쳐서 물기를 뺀다.

2 오이는 깨끗하게 씻어서 반으로 잘라 씨를 긁어낸 뒤 어슷썰기한다.

3 자숙문어는 끓는 물에 소금을 약간 넣고 살짝 데쳐 0.5cm 두께로 썬다.

4 접시에 모둠 해초, 오이, 문어를 담은 뒤 드레싱을 잘 섞어 뿌리면 완성.

○ 마트에서 1인분씩 포장해 판매하는 모둠 해초를 구입해서 이용하세요. 모둠 해초 대신 쌈 다시마, 물미역 등을 끓는 물에 살짝 데쳐서 먹기 좋은 크기로 썰어 함께 내도 좋아요. 자숙문어는 마트에서 쉽게 구입할 수 있어요.

사과호두샐러드

사과(½개), 카망베르치즈(½줌), 호두(6알), 양상추(2장), 베이비 채소(½줌)

드레싱 플레인 요구르트(4), 레몬즙(1), 꿀(1), 다진 사과(1), 소금 약간

1 양상추, 베이비 채소는 깨끗하게 씻은 뒤 체에 받쳐 물기를 뺀다. 사과는 깨끗하게 씻은 뒤 껍질째 4등분해서 씨 부분을 제거하고 깍둑썰기 한다.

2 카망베르치즈는 사과와 비슷한 크기로 썬다.

3 달군 팬에 호두를 약한 불에서 살짝 볶는다.

4 접시에 양상추, 베이비 채소를 올리고 사과, 카망베르치즈, 호두를 얹은 뒤 드레싱을 잘 섞어 뿌리면 완성.

● 고다치즈나 체다치즈 등 취향에 따라 치즈 종류를 달리해보세요. 치즈의 진한 맛 때문에 드레싱에 플레인 요구르트를 사용했는데, 치즈가 없다면 드레싱에 마요네즈를 넣어 진하고 고소한 맛을 더하세요.

가볍게 샐러드 1인분

알아두면 좋은 15가지 드레싱

같은 재료의 요리도 드레싱의 종류가 달라지면 완전히 색다른 샐러드가 됩니다. 좋아하는 재료로 간편하게 나만의 드레싱을 만들어보세요.

1. **카레 드레싱** : 마요네즈(4) + 카레 가루(1) + 설탕(0.3) + 꿀(0.5) + 다진 양파(½개 분) + 후춧가루 약간
2. **파 드레싱** : 간장(4) + 다진 대파(4) + 맛술(2) + 설탕(1.5) + 물(1) + 참기름(1)
3. **생강 드레싱** : 생강절임(1) + 간장(1) + 피시소스(1) + 참기름(1) + 레몬즙(1) + 다진 붉은 고추(½개분)
4. **미소 드레싱** : 미소(2) + 설탕(1) + 다진 양파(2) + 맛술(2) + 레몬즙(1) + 포도씨유(1) + 참깨 약간
5. **고추냉이 드레싱** : 고추냉이(0.5) + 마요네즈(2) + 다진 양파(1) + 레몬즙(0.5) + 설탕(0.3) + 간장(0.3) + 소금 약간
6. **참깨 드레싱** : 통깨(1) + 설탕(1.5) + 맛술(1) + 참기름(1) + 간장(3) + 다진 양파(1) + 레몬즙(2)
7. **허니머스터드 드레싱** : 마요네즈(3) + 머스터드(1) + 꿀(1.5) + 소금 약간
8. **씨머스터드 드레싱** : 씨머스터드(1) + 꿀(2) + 레몬즙(2) + 올리브유(2) + 소금 약간 + 설탕 약간

1 카레

2 파

3 생강

4 미소

5 고추냉이

6 참깨

7 허니머스터드

8 씨머스터드

9 시저

10 발사믹

11 매운 간장

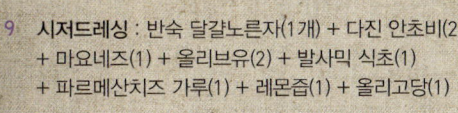

9 **시저드레싱** : 반숙 달걀노른자(1개) + 다진 안초비(2개)
  + 마요네즈(1) + 올리브유(2) + 발사믹 식초(1)
  + 파르메산치즈 가루(1) + 레몬즙(1) + 올리고당(1)

10 **발사믹 드레싱** : 발사믹 식초(2) + 올리브유(4)
  + 간장(2) + 꿀(1)

11 **매운 간장 드레싱** : 간장(2) + 설탕(1) + 식초(1)
  + 포도씨유(1) + 다진 청양고추(1개분) + 후춧가루 약간

12 **유자 드레싱** : 유자청(3) + 식초(3) + 마요네즈(4)
  + 소금 약간

13 **오리엔탈 드레싱** : 간장(2) + 설탕(1) + 식초(1.5)
  + 참기름(1) + 깨(0.3) + 고춧가루(0.3)

14 **키위 드레싱** : 키위 간 것(4) + 플레인 요구르트(3)
  + 포도씨유(2) + 설탕(1) + 식초(2)
  + 레몬즙(1) + 소금 약간

15 **땅콩버터 드레싱** : 간장(1) + 땅콩버터(2)
  + 식초(2) + 설탕(0.5) + 소금 약간

12 유자

13 오리엔탈

14 키위

15 땅콩버터

1인분 요리를 위한 미니정보

요리를 시작할 때, 맛을 보면 항상 2% 부족함이 있었습니다. 지금 생각하면 그게 바로 요리 선생님들이 경험으로 쌓아온 비법이었던 것 같습니다. 음식의 맛을 좌우하는 아주 간단한 팁 하나, 여러분께 공개합니다.

1 통후추를 사용해보세요

분말 후추를 쓰는 것과 통후추를 직접 갈아 쓰는 것은 맛과 향에서 확실히 차이가 납니다. 후추 하나만으로도 음식의 풍미를 더할 수 있어요. 통후추는 국물 요리 등 이모저모 쓸 곳이 많지요. 마트에서 저렴한 가격에 그라인더에 담긴 통후주를 쉽게 구입할 수 있어요.

2 말린 허브(로즈메리, 바질 등)를 작은 병으로 구입해보세요

고기 잴 때나 파스타, 스테이크 등에 다양하게 사용하는 허브는 직접 기르면 여러모로 쓰임새가 많지만 관리가 쉽지 않지요. 이럴 땐 말린 허브를 사용해보세요. 작은 병으로 판매하기 때문에 부담스럽지 않고, 향이 진해서 조금만 넣어도 요리에 특별한 풍미를 더할 수 있어요.

3 파스타와 리조토를 좋아한다면 페페론치니 한 병 구입하세요

파스타 전문점에서 요리를 먹을 때 아주 작고 빨간 고추를 본 적이 있을 거예요. 바로 페페론치니 고추로 이탈리안 요리에서 매운맛을 낼 때 사용하는데, 아주 조금만 넣어도 맛과 향이 좋아집니다.

4 다양한 파스타 면을 이용하세요

집에서 파스타 요리를 할 때는 주로 가늘고 긴 스파게티 면을 사용하지요. 하지만 파스타 종류는 이 외에도 정말 많습니다. 모양과 색깔, 굵기 등이 다양한 파스타 면을 사용하면 식감이나 완성된 요리의 모양새도 새로워 재미를 느낄 수 있어요. 같은 소스를 사용하더라도 파스타 면만 바꾸면 새로운 기분을 낼 수 있어요.

5
닭 육수 만들기

가위를 이용해 뼈와 살을 분리해서 살은 요리해 먹고 뼈는 양파, 통후추, 대파 등을 넣고 푹 끓여주세요. 이렇게 만든 닭 육수는 해물탕면, 홈메이드 꼬꼬면 등 국물 요리를 만들 때 사용하면 좋고, 술 마신 다음 날 해장용으로도 좋습니다.
또 얼음통에 닭 육수를 얼려두면 필요할 때마다 소량씩 넣어 요리할 수 있어서 다른 조미료를 넣지 않아도 훌륭한 맛이 납니다.

6
**파, 마늘, 고추 등 자주
쓰는 재료는 이렇게 보관하세요**

파, 마늘, 고추 등은 늘 구비해놓는 것이 좋아요. 사용하기 편리하게 썰어서 지퍼백이나 밀폐 용기에 담아 냉동시키면 편리합니다.
파는 깨끗하게 씻어 물기를 제거한 뒤 송송 썰어 지퍼백에 담아, 고추는 씻어서 물기만 제거해 지퍼백에 넣고 냉동실에 보관하세요. 마늘은 껍질을 까서 곱게 다진 뒤 얼음통에 담아 얼리면 조금씩 꺼내 쓰기 편해요.

7
**홈 카페 분위기 내는 나무 수저,
색깔 있는 큰 접시를 이용해보세요**

식탁에 조금 특별한 분위기를 내고 싶다면 수저를 바꿔보세요. 늘 쓰는 스테인리스 재질의 수저 말고 나무 수저를 사용하면 식탁 분위기가 확 달라집니다. 또 집에선 요리가 돋보이도록 하얀 그릇을 많이 쓰는데 여기에 색깔 있는 접시 한두 개를 포인트로 세팅하면 늘 먹던 요리도 새롭게 보입니다.

8
여러 가지 요리를 한꺼번에 담을 수 있는 접시를 사용하면 설거지 수고를 줄일 수 있어요

밀폐 용기에 보관한 밑반찬은 먹을 때마다 덜어 먹어야 쉽게 상하지 않아요. 하지만 접시를 여러 개 사용하게 되어 설거지가 귀찮아지지요. 이럴 땐 칸이 나뉜 식판을 활용해보세요. 요즘엔 도기 재질의 다양한 식판도 나와 있어 사용하기에 부담스럽지 않아요. 식판을 이용하면 다양한 반찬을 골고루 먹게 되는 장점도 있어요.

9
다양한 체를 갖춰두면 편리해요

요리할 때 은근히 많이 사용하는 것이 바로 체입니다. 육수를 낸 뒤 내용물을 거를 때는 큰 체, 된장을 풀 때는 작은 체, 밀가루 등을 칠 때는 중간 체 등 다양하게 활용하지요. 이렇게 작은 것부터 조금 큰 것까지 크기별로 갖춰놓으면 요긴하게 쓸 수 있어요.

10
비장의 무기, 새우젓에 주목하세요

새우젓은 밀폐 용기에 담아 냉동실에 보관하고 필요할 때마다 조금씩 꺼내 쓰세요. 달걀찜을 하거나 국물 요리에 간을 할 때 사용하면 소금이나 간장으로는 낼 수 없는 감칠맛이 생깁니다. 아주 쉽고도 남들은 잘 모르는 그야말로 비장의 무기이지요.

11
전자레인지 용기를 적극 활용하세요

요즘은 다양한 전자레인지 용기가 나와 있어 요리하기가 좀 더 편해졌어요. 그중에서도 특히 전자레인지용 찜기를 적극 활용하면 요리가 훨씬 심플해집니다. 냉동 만두를 쪄 먹을 때나 가지 등의 채소를 찔 때, 찜 요리를 할 때도 정말 편리합니다

12
굴소스, 두반장, 돈가스소스, 우스터소스 등 맛 내기 쉬운 조미료를 구비해두세요

돈가스소스를 오므라이스나 볶음밥 등에 뿌려 먹어도 색다릅니다. 마찬가지로 굴소스를 볶음 요리에 조금 넣으면 감칠맛이 살고 맛 내기에 편해요. 또 고추장을 두반장으로 대체하거나 섞어서 사용하면 완전히 새로운 요리가 되지요. 이렇게 맛 내기 쉬운 소스를 몇 가지 구비해놓으면 요리가 더 쉽고 즐거워져요.

13
채소 탈수기를 사용해보세요

샐러드의 생명은 아삭아삭한 채소의 식감이지요. 그런데 찬물에 헹군 뒤에 물기를 제대로 제거하지 않으면 드레싱에 섞여 싱겁고 맛없는 샐러드가 됩니다. 이럴 땐 채소 탈수기를 이용하면 물기가 깔끔하게 제거됩니다. 이렇게 준비한 채소를 1인분씩 밀폐 용기에 담아 냉장고에 넣어두고 필요할 때마다 꺼내 쓰면 편하지요. 채소 탈수기는 1만 원대의 저렴한 가격부터 있습니다.

14
양념은 분말에서 액체류 순서로 넣으세요

요리 책을 보고 따라 하다 보면 나도 모르게 숟가락이 여러 개 나와 있을 때가 있어요. 양념을 섞을 때 계속 새 숟가락을 꺼내 쓰다 보니 그렇습니다. 이럴 땐 숟가락에 잘 묻지 않는 설탕 등의 분말류부터 먼저 넣고 간장, 맛술 등 액체류 순으로 양념을 넣으세요. 숟가락을 하나로 요리를 완성할 수 있습니다.

나를 위한 만찬
1인분 요리